Einzelwirtschaftliche Abhandlungen
Herausgegeben von Friedrich Leitner
Professor der Handelswissenschaft an der Handels-Hochschule zu Berlin
Heft 2

Das System des Bucketshop

Von

Conrad A. Wille

Berlin 1914
Druck und Verlag von Georg Reimer

Inhaltsverzeichnis.

Einleitung.

Die Grundlagen für die folgenden Ausführungen gaben die Verhandlungen, die im Jahre 1913 vor Berliner Strafkammern gegen die Inhaber von Bucketshops stattfanden. Die zuvor über deren Wesen und Strafbarkeit erschienenen Schriften sind aus den Ergebnissen jener Prozesse zu ergänzen, teilweise auch zu berichtigen.

N u ß b a u m sagt auf Seite 11: „Von einer Strafverfolgung des Bucketshop wegen Betrugs (§ 263 StrGB.) ist nicht viel zu hoffen, weil sich nicht mit der erforderlichen Sicherheit nachweisen läßt, daß der „Bankier" (gemeint ist der Bucketshop) bei der Eingehung der Geschäfte beabsichtigt hat, dem Kunden etwaigen Gewinn vorzuenthalten und sich einen „rechtswidrigen Vermögensvorteil" zu verschaffen; dieser Nachweis ist aber für die Anwendung des § 263 StrGB. erforderlich." Nußbaum stand bei Niederschrift dieses Satzes unter dem Eindruck des freisprechenden Urteils gegen Siegmund Friedberg. Die Rechtsprechung der Berliner Landgerichte und die Bestätigung durch das Reichsgericht (Neckel, 28. Februar 1913) hat mehrere Urteile über die Bucketshops wegen Betrugs gebracht: Mackensen & Scholz, Kwiet & Gans, Sattler, Krause. Die Ansicht Nußbaums ist demnach zu berichtigen. Nußbaum hat sogar (S. 13) den Satz geschrieben: „Das Bucketshop-System als solches, also das planmäßige Unterlassen von Deckungsgeschäften ist nicht strafbar." Er irrt, das In-sich-Geschäft bei der fehlenden finanziellen Grundlage des Bucketshop ist strafbar, wie die genannten Prozesse beweisen. Dagegen ist es ein unfruchtbares Unterfangen, die Schadenersatzklage (§§ 123, 823 und 826 BGB.) zu motivieren. Die Forderungen sind bei der Besitzlosigkeit der Bucketshops durchweg uneinbringlich.

Schütze will dagegen den Bucketshop wegen Betrugs, § 263 StrGB., und auch zugleich wegen Unterschlagung, § 246 StrGB., bestraft wissen. Bei gleichem Strafobjekt, nämlich den Prämien, Depots und Differenzen, ist aber eine doppelte Bestrafung ausgeschlossen. Ebenso dürfte wohl schwerlich der Beweis des Glückspiels, § 284 StrGB., und Wuchers, § 302 StrGB., gelingen.

Der Wert der beiden Schriften ist trotzdem unbestritten. Insonderheit hat diejenige Nußbaums viele Richter und Anwälte auf den Weg gewiesen, die Geschäfte der Bucketshops von denen der regulären Bankgeschäfte zu unterscheiden und ihre Strafwürdigkeit zu erkennen. Auch eine große Anzahl der Privatpersonen, die von minderwertigen Bankfirmen gewonnen waren, wurde dadurch über den Wert der Prospekte und Gewinnverheißungen aufgeklärt.

In der vorliegenden Arbeit handelt es sich darum, die Resultate der Bucketshop-Prozesse von 1913 zu verarbeiten und den veränderten Standpunkt aufzuzeigen, den Juristen und Bankiers gegen die Bucketshops einnehmen.

I. Über Heimat und Namen der Bucketshops, mit Ausblick auf die englischen und französischen Firmen.

Der Name weist auf die Entstehung dieser Firmen außerhalb Deutschlands hin. Obwohl sie bei uns nach dem Inkrafttreten der Novelle zum Börsengesetz vom 8. Mai 1908 in großer Zahl aufgetaucht sind, ist kein deutscher Name dafür gefunden worden. Das ist kein Mangel, da es mehr Ausländer als Deutsche sind, die die Ausbeutung der Unerfahrenheit und des Leichtsinns vieler Deutschen zu ihrem Erwerb gemacht haben. Unter den im Jahre 1912 und Frühjahr 1913 dem „Zentralverbande des Deutschen Bank- und Bankiergewerbes" auffälligen Firmen, die sich fälschlich als Banken oder Bankgeschäfte bezeichneten und zweifelhafte Börsengeschäfte durch Animierschreiben und Reisende anboten, befinden sich 15, die dem Namen oder dem Wohnorte nach als Nichtdeutsche zu erkennen sind. Teils hatten sie sich in Berlin angesiedelt, teils überschwemmten sie von London, Paris, Brüssel, Wien, Budapest und Kairo aus Deutschland mit ihren Finanzzeitschriften und persönlichen Ratschlägen. Der Erfolg scheint ihnen nicht gefehlt zu haben; Ruppel hat in seinem Buche: Das Geschäft in ausländischen Minenwerten an der Londoner Börse (Jena 1909) bestätigt, daß große Beträge den landfremden Bucketshops aus Deutschland zugeflossen sind.

Obwohl in dieser vorliegenden Arbeit nur das System der Bucketshops in Deutschland dargestellt werden soll, muß eingangs der Verbreitung derselben in New York, Chicago, London und Paris gedacht werden.

In New York und Chicago, der Heimat des Bucketshops, bezeichnete man mit diesen Namen die „stock gambling dens", das sind Börsenspielhöllen, in denen Gelegenheit geboten wurde, Wetten zu machen in der Form von Orders oder Options auf Grund der Tageskurse in Wertpapieren, Korn, Petroleum und Bohranteilen, aber ohne tatsächliches Kaufen und Verkaufen der Stocks oder Waren. Wir werden sehen, daß sich die in Berlin und manchen Börsenplätzen der Provinz auftuenden „Prämienbanken", „Bankgeschäfte", „Kommissions- und Finanzierungsinstitute" usw. dem Wesen nach nicht von denen unterscheiden, die von den Geschädigten und der Polizei in New York und Chicago „Bucketshops" gescholten werden. Es liegt an der bedächtigen, immer neue Zweifel abwägenden deutschen Denkart, daß Juristen und Kaufleute nicht wagten, den Namen Bucketshop auf die Schwindelfirmen anzuwenden und über den Prozeß gegen Siegmund Friedberg hinaus bis zu den Verurteilungen von Neckel und Gorille hin, sich nicht getrauten, den Inhabern Treu und Glauben abzusprechen. Erst in den Prozessen des Jahres 1912 und denen von 1913 gegen Kwiet und Gans, sowie Sattler und Genossen wurde die Ausscheidung dieser Schwindelfirmen aus den Reihen des Kaufmannsstandes vollzogen und solchen der Titel „Bucketshops" beigelegt.

Der Unterschied zwischen amerikanischen und deutschen Firmen, die zweifelhafte Börsengeschäfte machen, liegt in § 50 des Börsengesetzes vom 22. Juni 1896 (§ 65 der Novelle vom 8. Mai 1908) begründet, nachdem in Deutschland Termingeschäfte in Getreide verboten sind. Die New Yorker und Chicagoer Geschäfte der Outside Brokers, die sich „Open Boards of Trade" nannten, befaßten sich nicht nur mit Orders in Stocks und Shares, sondern auch mit Options in Getreide, Öl usw.

Um die Kleinkapitalisten in ihre Kundschaft zu ziehen, setzten sie die Bestimmungen der Board of Exchange beiseite. Diese verlangen für Bids and Offers zum mindesten 100 Shares of Stock oder Wert Dollars 10 000 in Bonds, und für Options 5000 Bushels. Dagegen boten die Open Boards of Trade Schlüsse an bis zu 1 Share und in jeder beliebigen Quantität in Waren. Sie versicherten, zu genauen Tageskursen und ohne Kommission die Aufträge zu erfüllen. Dadurch verleiteten sie Kleinkaufleute, Handwerker und Boten zu Börsenspekulationen. Bei 1 % Margin konnte natürlich von einem wirklichen Kaufen und Verkaufen nicht die Rede sein, sondern es handelte sich nur um ein Wetten auf die Kursbewegung. Diese Spielgeschäfte wurden außerordentlich populär, so daß die Berichterstatter von einem „demoralisierenden Einfluß" sprachen. So in der „New York World" im Jahre 1888, die ähnlich der Frankfurter Zeitung, das Treiben der Bucketshops, die Arten ihrer Täuschung und Nichterfüllung beobachtete und davor warnte. Es wurde festgestellt, daß die Inhaber der Schwindelfirmen nichts anderes als die Gegenspieler ihrer Kunden waren, deren Interesse im Widerspruch zu ihren Versicherungen nur darin lag, daß die Kurse eine der Spekulation der Kunden entgegengesetzte Bewegung nahmen. Falls die Spekulation der Kunden glücklich war, griffen die Bucketspops zu allerhand Mitteln, die Kurse zu beeinflussen oder zu fälschen. Darum stellte der Artikel der „New York World" den Kunden der Bucketshops vor Augen, daß ihre Gewinnaussichten beinahe gleich Null und ihre Margins der sichere Gewinn ihrer Gegenspieler waren. Es muß die Anzahl der Schwindelfirmen und ihrer Zutreiber (Steerers) sehr groß gewesen sein. Dadurch wurde die New Yorker Polizei veranlaßt, die Inhaber und Agenten zu verhaften. Durch Parlamentsakte wurde die Eröffnung und Geschäftsführung der Bucketshops als Übertretung bestraft, so daß dem Unwesen energisch Einhalt geboten wurde. Dazu wurde am 11. März 1896 in die „Constitution of the New York Stock Exchange" unter dem Titel „Bucketshop" folgender Abschnitt aufgenommen: „Jedes Mitglied dieser Börse, daß assoziiert oder dessen Geschäft direkt oder indirekt durch Telegraph oder andere Art und Einrichtung in Verbindung steht mit irgendeiner Organisation, Firma oder Person, die sich mit Geschäften auf Grund der Differenzen oder Kursschwankungen der Marktpreise irgendwelcher Waren oder Wertpapiere ohne Kauf und Verkauf auf Treu und Glauben im regelmäßigen Börsenmarkte abgibt, soll bei Überführung schuldig gesprochen werden, eine Handlung begangen zu haben, die dem Interesse und der Wohlfahrt der Börse nachteilig ist." Es wird die Strafe verhängt: Ausschluß von der Börse für die Zeit von 1—5 Jahren (Artikel XXXIV, 6). Die öffentliche Verurteilung findet sich wiedergegeben in einem Bericht des „Statist" von 1886, worin die Inhaber der Bucketshops den Gaunern gleichgestellt werden, die in den Branntweinstuben beim Becherspiel betrügen (thimble and pea sharpers). Aus der Empörung der Geschädigten heraus wurde der Schimpfname „Bucketshop" geboren.

Es ist nicht anzunehmen, daß von dem Worte „bucket" in der Bedeutung „Eimer" die Bezeichnung hergeleitet wurde. Es wird vielfach von den Brokers in Chicago behauptet, sie hätten spöttisch die Läden der Outside Brokers, wegen der geringen Mengen Weizen, die dort verkauft wurden „bucketshops“ genannt, oder sie hätten sich auf die Kübel mit Weizen bezogen, die darin als Proben nicht vorhandener größerer Konsignationen standen. Andererseits wurde an das Eimerchen gedacht, in welches der Kurszettel abrollt. Schließlich soll ein Mitglied des Board of Trade, als einmal die Börse sehr matt war, gesagt haben: „Ich will hinunterschicken und schnell einen Eimer voll hinaufholen“, auf den Lift hindeutend, der in den Board of Trade hinaufführte, von einem Durchgang aus, in dem sich ein „Open Board of Trade“ um einen Outside Broker versammelte.

Entgegen diesen Deutungsversuchen scheint die Ableitung des Titels „Bucketshop“ aus dem Verb „to bucket shop“ zuverlässig zu sein. Im amerikanischen Slang wird das Tätigkeitswort to bucket in den Branntweinstuben, in denen der Knobelbecher beim Spiel (thimble and pea) umgeht, sowie in den Lotterieläden und auf den Rennbahnen gebraucht mit dem Sinne von täuschen, betrügen, schinden, quälen in bezug auf die Genossen und die Pferde.

Das Slang-Wörterbuch von John S. Farmer, 7 vols., 1890, London, gibt literarische Belege für den verbalen Gebrauch, nämlich: 1. V a u x, Flash (Gauner) Wörterbuch 1812: „To bucket-to put into the well.“ 2. S c o t t, Diary 1828 und 1839: „Thurtell must in slang phrase have bucketted his palls.“ 3. T o t t e n h a m, C. V i l l a r s, 1868: „Bucketting his wretched horse home.“ Den Spiel, Sport und Pferde liebenden Amerikanern kam in Ansehung der Wettbureaus das Wort bucketshop als Bezeichnung der darin verübten Betrügereien über die Zunge.

Aus Amerika wurde das System des Bucketshop nach E n g l a n d eingeführt. Es fand hier guten Nährboden, große und kleine Vermögen fielen ihm zum Opfer. Besonders günstig waren dafür die Medio- und Ultimo-Prolongationen an der L o n d o n e r Börse. Neben den englischen Firmen eröffneten Deutsche und Franzosen Filialen in London, unter anderen konnte Siegmund Friedberg seine Haupteinnahmen von dort holen. Seine Zeitschrift: „Der Ratgeber auf dem Kapitalmarkte“ wurde von London aus in England und Deutschland verbreitet. Eine englische Firma, die mehrfach den Namen wechselte, versandte die „Englische Börsenpost“ und persönliche Raterteilungen und fand mit ihren Anpreisungen Glauben. Nach einem Bericht des „Zentralverbandes des D. B. B.“ ging die Londoner Staatsanwaltschaft im Jahre 1912 mit Verurteilung zu Zuchthaus und Zwangsarbeit gegen mehrere Firmen vor.

Von den Geschäftsformen dieser Firmen können hier nur genannt werden: 1. Der Kunde wird im Engagement so lange festgehalten, bis seine einprozentige Quote durch Kursfall dem Bucketshop gehört. 2. Der Kunde wird verleitet wertlose Shares zu kaufen, in denen künstlich ein Markt gemacht wird. 3. Dem Kunden werden Depots gegen Ratenzahlung gutgeschrieben. (Ein Zeuge im Sattler-Prozeß zahlte für minderwertige Shares seit 10 Jahren jährlich 4000 M.) 4. Der Kunde erwirbt durch Einzahlung die Teilhaberschaft an exotischen Spekulationsgeschäften.

Ausführliche Betrachtungen finden sich darüber bei Ruppel, Das Geschäft in Minenwerten an der Londoner Börse (Jena 1909) und Bewes, Stock Exchange Law and Practice (London 1910).

Zuletzt ist darauf hinzuweisen, daß in Paris und Brüssel immer neue Anreißerfirmen auftauchen. Sie verfügen wie die Londoner über ein auserlesenes Adressenmaterial und wissen diejenigen Personen zu finden, die für ihre Verheißungen zugänglich sind. Eine Firma versandte lange Zeit nach Deutschland den „Pariser Börsenherold", in dem unter viel Wortschwall über gewinnbringende Papiere berichtet und unter dem Schein der Ratserteilung in Briefkastenantworten systematischer Kundenfang getrieben wurde. Es ist festgestellt, daß die Herausgeber mit denen der „Englischen Börsenpost" im Bunde waren und sich zum Ziel gesetzt hatten, sich gegenseitig aus Deutschland Kunden zuzutreiben und Angebot und Nachfrage unter diesen wachzurufen, indem seitens der einen Zeitung auf Grund vertrautester Information zum Ankauf, seitens der andern zum baldigen Verkauf desselben Wertpapiers geraten wurde. Gegen die Herausgeber, die Inhaber der „Banque de l'Union Centrale", wurde vor dem Tribunal de police correctionnelle zu Paris das Hauptverfahren eröffnet.

Dieser Ausblick auf das Bucketshop-System außerhalb Deutschlands zeigt die Entstehung desselben in New York und Chicago und die Ausbreitung dort, sowie in London und Paris; er beweist, wie diese ausländischen Firmen teils den deutschen vorbildlich waren, teils mit ihnen gleichzeitig die deutschen Spekulanten furchtbar heimgesucht haben, so daß der Name „Bucketshop" für Schwindelbank oder Spielhölle in Deutschland sehr geläufig ist.

II. Der Geschäftsbetrieb der Bucketshops.

1. Naturgeschichte der Bucketshops.

Um zu erfahren wie sie es meinen, die die verlockenden Gewinnverheißungen in die Familien der wohlhabenden Beamten und Gewerbetreibenden schicken, machen gar zu viele einen Versuch. Man braucht sich darauf nicht einlassen; denn es gibt genug Gelegenheit, sich durch Gerichtsverhandlungen gegen die Inhaber einen zuverlässigen Einblick in die Geschäftsführung der Bucketshops zu verschaffen. Unter den Hauptangeklagten trat im Jahre 1913 einer besonders hervor, das war Sattler, der „Direktor" des Bank-, Kommissions- und Finanzierungs-Instituts „Merkur", Berlin, der den Ruhm für sich in Anspruch nehmen kann, den vollendeten Typ des Bucketshops darzustellen, das Schulbeispiel dafür zu sein. Das Urteil der Sachverständigen ging dahin, Sattler und seinen Merkur mit den dazu gehörenden Filialen als den nicht mehr zu übertreffenden Bucketshop anzusprechen. Bruno Buchwald nannte ihn in seinem Artikel im „Plutus" den „König der Bucketshops".

Sattler selbst gab am 15. Januar 1909 in der Zeitschrift: „Der Leuchtturm", die in einer Nummer erschien, mit der Überschrift: „Schwindelbankiers" folgende Charakteristik seines geplanten Bank- und Finanzierungs-Instituts „Merkur": „Bereits seit langer Zeit fiel es mir auf, daß in Berlin die Bankgeschäfte wie Pilze (aber wie giftige) aus der Erde schießen, daß fast in jedem Jahre 10—20 neue Firmen entstehen, wieder andere verschwinden, zum größten Teil völlig unbekannte Größen, die niemand an der Börse kennt, so daß ich diesem auffälligen Kommen und Gehen in einer Branche, die sich doch eines ganz besonders guten Rufes erfreut, nachzuforschen mich bemühte. Es ist mir auch nach langem und hartem Kampfe gelungen — denn es handelt sich um eine eigene Kaste, die sich sehr wohl das Mäntelchen der Anständigkeit umzuhängen und auch zu tragen versteht —, die ganzen Praktiken dieser „Bankiers" kennen zu lernen, deren Vorleben teils in Dunkel gehüllt, teils nicht zu erforschen war. Das Erstere war immer noch das kleinere Übel, — — denn .... Ich bin noch mit der Sichtung und genauen Orientierung des in Fülle vorliegenden Materials beschäftigt und hoffe bereits in der nächsten Nummer zu Nutz und Frommen meiner Mitmenschen und des Gott sei Dank noch zum größten Teile ehrlichen Bankgewerbes den Schleier von dem Getriebe dieses Auswuchses ziehen zu können. Ich werde auch nicht verfehlen, alle jene Firmen öffentlich an den Pranger zu stellen, die von der Dummheit ihrer Mitmenschen leben.... So viel soll heute schon gesagt werden, daß es sich hier um eine der widerwärtigsten Eiterbeulen an dem sonst so gesunden deutschen Volkskörper handelt, die unnachsichtlich aufzuschneiden ich als meine heiligste Pflicht betrachten werde, um so mehr als durch diese modernen Raubritter — zum großen Teile sind es auch noch Ausländer — das solide deutsche Bankgewerbe schwer zu kämpfen hat und unschuldigerweise in Mißkredit gerät. Selbst in verschiedenen Hauptstädten des Auslandes, in Paris, Wien, Budapest, London usw., haben sich Ableger dieser Clique niedergelassen, um von dort aus jährlich mehrere Summen, erspart von harter Arbeit und deutscher Sparsamkeit dem deutschen Volke zu entziehen. Ich hoffe, daß die Staatsanwaltschaft, nachdem ich als „Selbstkontrahent" die ganze Sache in die Öffentlichkeit gebracht habe, — — mit fester Hand in die Wespennester greifen wird zum Heile des deutschen Kapitals. Custos."

Es lohnt nicht darüber nachzusinnen, warum der Inhaber eines Bucketshop eine so bittere Selbstkritik veröffentlicht. Wahrscheinlich verfolgte er kein anderes Ziel, als die Leser über die Lauterkeit des Betriebes seines eigenen Unternehmens ganz sicher zu machen; der Artikel ist ein raffiniertes Täuschungsmittel.

Wichtig ist, daß darin ein Kenner redet. Seine Ausführungen sind zuverlässig für die Wesensbestimmung des Bucketshop. Er war zuvor in „Bankgeschäften" in Budapest und Paris tätig und hatte 1904 in Brüssel ein eigenes Geschäft gegründet. Als er verhaftet wurde, entwarf er von seiner Tätigkeit folgendes Bild (Brüsseler Strafakte): „Meine gesamte Kundschaft befindet sich in Deutschland. Die Geschäfte, die ich für Rechnung meiner Kunden mache, sind alles Scheingeschäfte, ich habe niemals für sie eins der Papiere gekauft, das sie mir aufgaben. Ich bin der Gegenkontrahent meiner Kunden. Es ist richtig, daß ich nur damit Geld verdienen kann, wenn die Werte, die meine Kunden kaufen, im Kurse fallen. Zu meinen Geschäften wähle ich Papiere, die großen Kursschwankungen unterworfen sind. Ich empfehle diese Papiere als solche, die wahrscheinlich im Kurse steigen würden. Ich beabsichtige mein Spielgeschäft fortzusetzen, bis mir ein Urteil sagt, daß diese Geschäfte verboten sind."

Diese Dokumente neben den Erfahrungstatsachen, über die von den Geschädigten als Zeugen in den Strafverhandlungen eidlich ausgesagt wurde, geben ein Gesamtbild vom Wesen der Bucketshops, ihrer Reklame und Geschäftsführung, sowie der systematischen Kundentäuschung. Daraus wird ersichtlich, womit sie den Titel „Bank oder Bankgeschäft“ verwirkt haben, sich als Volksfeinde und Zerstörer der wirtschaftlichen Expansion der ersparten oder ererbten Vermögen der Besitzenden erweisen und darum den Strafgesetzen verfallen.

Das Gesamtbild zeigt folgende Hauptzüge: Das Bucketshop sucht durch aufdringliche und unwahre Reklame das Interesse der vorwiegend börsenunkundigen Volkskreise auf sich zu ziehen, und in den Individuen die uferlose Spekulation, die alte germanische Spiel- und Wettlust, zu erregen. Er drängt diejenigen, die sich für seine Beeinflussung empfänglich zeigen, durch Unterschrift einer den Reklameschriften beigefügten Postkarte mit seinen „Tip“ einen Versuch zu machen, indem er große Gewinne verheißt. Er entsendet skrupellose Reisende, die auf 10—20 % Gewinnbeteiligung angenommen sind. Diese verleiten gewerbsmäßig zu Prämiengeschäften, die von den Kunden meist unverstanden und unkontrollierbar sind, sowohl dem Begriffe nach, als in der Ausführung. Die Agenten rufen direkt oder indirekt in den Spekulanten den Glauben wach, daß die gewinnverheißenden Geschäfte an der Börse getätigt und von ihrer Firma sicher mit Gewinn ausgeführt würden, weil sie über zuverlässige Informationen verfüge und die Kursbewegung im voraus wisse. In Wirklichkeit weiß der Bucketshop-Inhaber davon so wenig wie andere Menschen, er rechnet aber damit, daß sich die Kurse entgegengesetzt bewegen, wie die Kunden auf Grund der Animierungen erwarten. Er tut auch alles, was in seinem Bereiche liegt, Gewinne zu verhindern, durch Fälschung der Kurse. Insbesondere aber unterläßt er irgendwelche Eindeckung, er schließt keine Deckungsgeschäfte ab weder im Sinne des Kommissionärs noch als Selbstkontrahent, noch sichert er sich Eigenbesitz an Effekten, wie sie zum Eigenhändler die Voraussetzung sind. Die Prämienbeträge und Einschlüsse müssen seitens der Kunden nach Ausfertigung des Orderscheins unverzüglich an die Firma in bar bezahlt oder in Wertpapieren sichergestellt werden.

Der Sitz der meisten deutschen Bucketshop-Firmen ist Berlin. Sie sind fast ohne Ausnahme zur Börse nicht zugelassen. Der Geschäftsbetrieb besteht aus der Vervielfältigung und Versendung der Propaganda-Schriftstücke, sowie in der Buchung der vom Reisenden telegraphisch oder brieflich gemeldeten Aufträge und der Berechnung der sofort fälligen Prämiensätze mit den dazu gehörigen Spesen. Wenn diese Summen eingezogen sind, sind für den Bucketshop die Geschäfte erledigt. An die Börse gelangen die Aufträge der Kunden meistens nicht, sie bleiben im

Engagementsbuch) stehen bis zur Stornierung oder Abandonnierung, die durch einen Federstrich stattfindet. Dieser Strich wird dann gemacht, wenn es das Interesse der Firma erheischt, das darauf gerichtet ist, immer einen Saldo zu ihren Gunsten auf dem Konto zu haben. Es muß darum der Kunde durch Schriftverkehr oder neuen Reisendenbesuch veranlaßt werden, in dem Augenblicke glattzustellen, wenn der Kursstand der Effekten für die Firma günstig ist oder zu abandonnieren, weil die Kurse „wider Erwarten" zurückgegangen sind. — Die den spekulierenden Kunden dennoch aus den Prämien manchmal zufallenden Gewinne werden nicht ausgezahlt, sondern entweder gutwillig in neuen Geschäften festgelegt oder von der Firma als nicht einklagbare Gewinne widerrufen. Etwa eingeleitete Zwangsvollstreckungsverfahren scheitern an der Uneinbringlichkeit der Forderungen, da sich die Firma und ihre Inhaber als unvermögend erweisen.

Die wesentlichen Merkmale des Bucketshop lassen sich in folgende Begriffsbestimmung zusammenziehen:

Das Bucketshop-System ist die sich fälschlich als Bank oder Bankgeschäft bezeichnende gewerbsmäßige Spekulanten-Ausbeutung, die mittellosen Leuten dadurch gelingt, daß sie mit vielerlei Mitteln vornehmlich börsenunkundige Personen zu Börsenspekulationen verleiten und deren Leistungen nur zur Befriedigung ihres Geldbedarfs verwenden, ohne die den Geschädigten vorgetäuschte Gegenleistung in der Erfüllung der abgeschlossenen Geschäfte gewähren zu können oder zu wollen [1]).

2. Zur Charakteristik der Inhaber.

Man möchte sie eine Bank-Halbwelt nennen alle die Personen, die Bucketshops gründeten und innehatten und darum als Angeklagte vor den Strafkammern Berlins erscheinen mußten.

Teils waren es alte Schiffbrüchige, die plump zu betrügen anfingen, als sie in einem ehrlichen Berufe nicht mehr geduldet wurden; sie verleiteten zu Spekulationen in Kombination mit wucherischen Geldverleihgeschäften. — Teils waren es junge Vertreter der Lebewelt, die ihren eigentlichen Beruf darin sahen, mit viel Raffinement von dem Vermögen anderer Leute ein müheloses Genußleben zu führen und scharfsinnig ein System ersannen, das ihnen immer neuen Kredit eröffnete.

---

1) Rießer (Definition von Bankgeschäft) im Bankdepotgesetz 3. Auflage, 1913.

Manche waren unbeholfen und einsilbig in ihrer Verteidigung vor Gericht, die meisten aber redegewandt, sie versuchten Richter und Staatsanwalt über das Betrügerische ihres Erwerbes zu täuschen, wie sie zuvor ihre Kunden durch suggestive Überredungskunst gewonnen hatten. Sie zeigten sich banktechnisch und juristisch erfahren und machten dem Gerichtshofe viel zu schaffen.

Bis zur Willenlosigkeit waren ihnen die mitangeklagten Angestellten ergeben, vertrauten ihnen die Kunden, die ihre widersinnigen Engagements nicht anders als durch den Hinweis auf die bindende Überzeugungsgabe der Inhaber zu erklären wußten.

Über den Lebenslauf der Inhaber und die Gründung eines Bucketshop brachten die Gerichtsverhandlungen überraschende Tatsachen ans Licht. Da war einer, der nach seiner Banklehrzeit in den Hauptstädten Europas Erfahrungen gesammelt hatte und schon mit 22 Jahren ein eigenes „Bankgeschäft" gründete. Sein Geschäftsbetrieb veranlaßte die Polizei einzuschreiten. Der Gefängnisstrafe, die über ihn wegen Betrugs und Unterschlagung verhängt wurde, entging er durch die Flucht nach Paris. Später betrieb er ein Geldgeschäft in Hamburg. Er wurde steckbrieflich verfolgt und erhielt eine Gefängnisstrafe, wurde aber nicht erreicht, lebte in Paris und Wien und trat 1908 in eine Berliner Firma ein, der er ihr Kundenverzeichnis entwendete. Nun fehlte noch das Gründungskapital und das fand er, als er in einer hiesigen Firma einen jungen Mann kennen lernte, dessen Mutter er sagte: „Ich will Ihren Sohn solide und tüchtig machen, ich will ihm ein Geschäft gründen!" Die vertrauensselige Mutter gab ihr erspartes Vermögen hin im Betrage von ℳ 17 000. Damit trat am 1. Februar 1909 ein „Bank-, Kommissions- und Finanzierungs-Institut" ins Leben; am 22. Januar war schon die Eintragung ins Handelsregister erfolgt.

Zu den geistigen Qualitäten kommt beim rechten Bucketshop-Inhaber auch die Kunst zu leben. Dadurch findet die Frage ihre Antwort: Wozu all der Raub? Er schaffte seine Gründungen aus dem Nichts, konnte aber in der Zeit vom Januar bis August 1906 auf Privatkonto 23 516,64 ℳ und in der Zeit vom 1. Februar 1909 bis 10. September 1910 die Summe von 205 000 ℳ auf Privatkonto entnehmen. Trotzdem wurde in dieser Zeit 13 mal Zwangsvollstreckung über sein Vermögen verfügt, mit nur geringem Erfolg. Die Möbel seiner Wohnung waren auf Wechsel gekauft und nicht bezahlt. Er hielt sich eine Equipage und ein Automobil. Er unternahm mit seiner Familie und seinen Damen allein Reisen kreuz und quer durch Deutschland, nach Paris, Kopenhagen usw. Er machte Zechen in Cafés für 100—300 ℳ. Er zahlte große Summen als Automobilstrafen, verbüßte den Rest in 243 Tagen Haft. Er führte viele Prozesse gegen seine Kunden, auch solche gegen Sachverständige wegen angeblicher Beleidigung. „Sein Lager nur erkläret sein Verbrechen!" Er hatte eine Familienwohnung für 2500 ℳ, ein Atelier für 1800 ℳ, eine Sommerwohnung für 2000 ℳ und logierte im Hotel Esplanade für täglich 24 ℳ. Er kaufte von November 1909 bis Mai 1910: 25 Anzüge und 2 Paletots für 2160 ℳ, von April 1909 bis August 1910: 25 Paar Stiefel für 907,50 ℳ, im Februar und März 1910 Strümpfe zu je 9—18 ℳ das Paar, vom Februar bis Mai 1910 Leibwäsche zu 1023,50 ℳ, vom Dezember 1909 bis 1. September 1910 Schmuckgegenstände für 42 000 ℳ, darunter ein Halsband für 8800 ℳ; er hatte einen Spazierstock mit 132 Brillanten in goldener Krücke für 3200 ℳ usw. Ein großer Teil der Kostbarkeiten wurde im Preußischen Leihhause verpfändet! —

Der Bucketshop-Betrieb ist ein Arbeitsfeld, das seinen Herrn ernährt, wenn es mit Rücksichtslosigkeit gegen Leben, Recht und Besitz der Mitmenschen und Unerschrockenheit vor Polizei, Staatsanwalt und Strafrichter beackert wird.

3. Über die Geschäftsführung der Firmen im allgemeinen.

Die Gründung des Bucketshop gelingt dem Unternehmer meist mit fremden Mitteln. Er selber hat nur die Methode, wie schnell Geld zu verdienen ist; er hat den Trick seinem frühern Chef abgeguckt oder hat ihn selbst ersonnen und predigt ihn allen Ohren, die hören wollen. Er findet den stillen Teilhaber.

Manchem Bucketshop sind für den Anfang eine Stube und eine Schreibmaschine genug, andere eröffnen den Betrieb im großen Maßstabe, mieten große Geschäftsräume und nehmen zahlreiche Hilfskräfte auf, der Inhaber nennt sich Direktor. Beiden Arten von Firmen kommt es dann auf ein Firmenschild mit Vertrauen erweckender Aufschrift, zum mindesten „Bankgeschäft" und ein ausgesuchtes Adressenmaterial an. Beide sind leicht zu erwerben. Letzteres findet sich z. B. in den Zeitungen angeboten unter dem Stichwort „Archiv, nach wissenschaftlichen Grundsätzen gesammelt, enthaltend alle Nachrichten über Börsenwerte und Adressen von vielen Tausend Kapitalisten, die sich dafür interessieren". (Börsenzeitung 18. Aug. 1913.) Die Eintragung ins Handelsregister macht keine Schwierigkeiten, denn der Richter hat kein Recht, die Angaben nachzuprüfen. Es fehlen nur noch Kurszettel, Börsenzeitungen des In- und Auslandes und Schlußscheinformulare. Dann kann die Abfassung der Animierschreiben beginnen, die unter der Marke „Persönlich", „Vertraulich" in einigen Hunderten von der Post den „Interessenten" zugetragen werden. So sehr viel Argwohn auch zunächst bei diesen vorhanden ist, so sehr viele auch ungelesen in den Papierkorb fallen, einige finden erstaunte Leser, andere veranlassen zu einer Anfrage und eine einzige macht die aufgewendete Mühe und die Spesen bezahlt. Der wohlmeinende Berliner Ratgeber erscheint auch persönlich bei seinen Kunden, er weiß überzeugend zu reden auf Grund „sicherer Information". — Es wird ein Prämienbetrag gezahlt. Nun vergrößert sich die Firma, der Chef schickt Reisende aus, denen er bis 20 % vom Gewinn zusichert; er ermächtigt sie, bestimmte Aktien und Bohranteile zu empfehlen und Engagements darin für die Firma abzuschließen. Diese Agenten brauchen nicht viele Vorkenntnisse von Bank- und Börsenwesen zu haben, sie empfangen ein Schema, nach dem sie mechanisch die Prämien-, Courtage- und Stempelbeträge berechnen können, wenn der Kunde danach fragt. Sie dürfen aber nicht „spröde" sein im Auskunftgeben über die den Laien meist ungewohnten Ausdrücke und über die Gewinnaussichten der in- und ausländischen Effekten, die sie empfehlen sollen. Ferner müssen sie Fragen der Kunden nach den Geschäftsbedingungen ausweichend durch Hinweis auf „ihre alte renommierte Firma" beantworten oder sie so interpretieren, daß zum mindesten in der Eile des Geschäftsabschlusses ihr Sinn unklar bleibt und nebensächlich erscheint. Was diese Bucketshop-Bedingungen enthalten, davon geben diejenigen einer Firma eine Vorstellung. Sie waren den Schlußnoten aufgedruckt und enthielten u. a. folgende Sätze:

Geschäftsbedingungen.

1. Die Firma schließt alle Geschäfte durch eigene Übernahme bzw. Überlassung der Wertpapiere ab.

2. Bei Ausführung evtl. übernommener Aufträge tritt die Firma als Selbstkontrahent ein, ohne daß es einer ausdrücklichen Erklärung hierüber bedarf. Die Auftraggeber verzichten also auf die Abgabe dieser Erklärung.

3. Aufträge mit festgesetzten Limiten faßt die Firma nicht als solche, sondern nur als Anstellungen oder Gebote auf, und steht es derselben jederzeit frei — ohne verpflichtet zu sein — solche zu akzeptieren.

4. Bei Überlassung von Wertpapieren, für welche der volle Kaufpreis nicht gleichzeitig berichtigt wird, verzichtet der Käufer auf Erteilung eines Nummern-Verzeichnisses und werden alsdann die Stücke auf Stückekonto gutgeschrieben. Die Titres gehen erst in den Besitz des Käufers über, nachdem solche voll bezahlt sind.

5. Deponierte Effekten werden zeitweiliger Revision unterzogen.

6. Falls der Wert der gegen ein Darlehn deponierten Effekten nicht mehr der Höhe des Vorschusses entspricht, oder der geleistete Einschuß für per Kasse angeschaffte Wertpapiere, deren Kaufpreis nicht voll berichtigt wird, der Firma nicht mehr genügend erscheint, muß binnen 24 Stunden nach erfolgter Anzahlung die Barzahlung des Minderwertes oder Verstärkung des Depots erfolgen. Unterbleibt dies, so ist die Firma berechtigt — aber nicht verpflichtet —, ohne weitere Anzeige am nächsten Tage durch freihändigen Verkauf aller laufenden und deponierten Effekten für Gefahr und Rechnung des Deponenten die schwebenden Geschäfte aufzulösen und etwaige Forderungen sofort zu beanspruchen. Das gleiche Recht erwirbt die Firma, wenn schuldige Beträge nicht innerhalb 3 Tagen nach erfolgter Zustellung der Rechnung beglichen sind.

7. Der Firma ist eine Weitergabe des ihr gestellten Depots gestattet.

In Anbetracht dieser Bedingungen ist zu ermessen, wie groß das Vertrauen sein muß, das der Bucketshop-Inhaber oder seine Reisenden den Kunden einzuflößen wissen!

Zu 1—3 ist zu bemerken, daß hiermit im Gegensatze zu den §§ 400 bis 406 HGB. und dem Börsenbrauch der Banken die Prämiengeschäfte des Eigenhändlers sanktioniert werden sollen. In den rechtlichen Betrachtungen dieser Arbeit wird die Unmöglichkeit nachgewiesen. — Die Bestimmung kehrt in den meisten der verwandten Firmen wieder, wird auch in England angewendet, wie Bewes, S. 15 und 83 berichtet. Zu 3 ist zu sagen, daß es nicht überraschen kann, wenn ein Eigenhändler sich kein Limitum hinsichtlich seines Verkaufspreises und Verdienstes setzen lassen will. Da im Bucketshop durchweg Prämien auf fester Basis gehandelt werden, kann der Kunde nur selten Aufträge mit Limiten geben. Zu 4 ist zu verweisen auf §§ 3 und 7 des Depotgesetzes und das Zirkular der Berliner Banken vom Juli 1896 (siehe Rießer, Das Bankdepotgesetz, 3. Aufl. S. 82), in dem das Verlangen auf Befreiung von Übersendung des Stückeverzeichnisses ausgesprochen wird, aber nur im Verkehr mit Bankiers. Ferner (daselbst S. 139) diene zum Vergleich das

Auftragsformular von Kunden, enthaltend den „ausdrücklichen" Verzicht und das Einverständnis mit Lieferung der Papiere in genere. — Es ist dem Bucketshop aber damit nicht möglich, sich vom effektiven Einkauf selbst und der Lieferung überhaupt durch diese Bestimmung zu befreien. (Rießer, a. a. O. S. 69, Anm. 3.) Es wäre ihm gegenüber stetig die Frage angebracht, ob er zur Lieferung überhaupt imstande ist. Da das nicht der Fall ist, dient dieser ganze Passus nur zur Täuschung der Kunden. Die folgenden Abschnitte der Geschäftsbedingungen des Bucketshop sind die Werkzeuge seiner Depotvergehen. Zu 5 und 6 in Parallele vergleiche man die entsprechenden Bedingungen der Großbanken, die als „rigoros" bekannt sind. In denen der Deutschen Bank heißt es: § 38: Die Deutsche Bank nimmt auf Wunsch die Versicherung gegen Kursverlust durch Auslosung für die bei ihr zur Verwahrung und Verwaltung hinterlegten Wertpapiere gegen mäßige Gebühr. § 35: Falls nach voraufgegangener eingeschriebener Aufforderung nicht innerhalb dreier Tage die Abtragung des nach Ausweis der Bücher geschuldeten Saldos erfolgt, so ist die Deutsche Bank berechtigt, die Pfandstücke zu einem beliebigen Zeitpunkte und an jedem ihr geeignet erscheinenden Orte behufs ihrer Befriedigung zu verkaufen.

Zu 7 ist hinzuweisen auf das Bankdepotgesetz §§ 8, 9 und 11 und § 246 StrGB. Der Bucketshop benutzt die Depots seiner Kunden zur eigenen Geldbeschaffung unter Versäumnis der Mitteilung „an den Dritten, daß die Papiere fremde seien".

Die Geschäftsführung des Bucketshop macht es häufig notwendig, Firmenumwandlungen vorzunehmen oder Tochterfirmen zu gründen. Warum und wie solche entstehen, zeige ein Beispiel.

Durch zahlreiche Beschwerden wurde der „Zentralverband des Deutschen Bank- und Bankiergewerbes" auf einen großen Bucketshop-Betrieb aufmerksam. Der Verband veröffentlichte am 31. Mai 1909 einen Artikel, der für den Inhaber des Bucketshop Ursache wurde, sich hinter Strohmännern zu verbergen. Diese eröffneten nacheinander „Bankgeschäfte", „Banken für Prämienhandel" und wurden in das Handelsregister eingetragen. Das Geschäftsverfahren hatten die drei „Inhaber" bei ihrem Chef gelernt; es blieb ihnen kaum etwas zu leiten und zu unternehmen übrig, der Chef verschwand dem Namen nach, er dirigierte aber weiter, die Strohmänner empfingen von ihm Gelder und Adressen, auch die Texte der Animierbriefe. Als die Gläubiger des Chefs auf die eingehenden Summen Pfandrecht beanspruchten, wurden die Kunden angewiesen, an das „Bankgeschäft" des ersten Strohmannes zu zahlen und die Akzepte auf diesen auszustellen. In dem gemeinsamen Kundenkreise wurde natürlich irgendwelcher geschäftliche Zusammenhang geleugnet. Um die Täuschung vollendet durchzuführen, gefiel es den „Firmen" sogar, sich gegenseitig zu unterbieten, in anderen Fällen ließen sie es sich übertragen, die Geschäfte, die mit dem „Nebenbuhler" gemacht waren, zu prüfen. Brach ein Kunde seine Beziehungen zu dem Hauptgeschäft wegen Differenzen und Prozesse ab, so erhielt er bald darauf Animierungen und Reisendenbesuch von den Filialen. Die Frankfurter Zeitung brachte am 17. April 1910 einen Artikel, der die Verhältnisse dieser Firmen untereinander und zum Publikum beleuchtete.

4. Aus der Buchhaltung von Bucketshops.

Das Material zu einer Kritik der Buchhaltung im Bucketshop ist in den meisten Fällen unvollständig; meist hat der Unternehmer am Tage vor der Verhaftung seine Bücher beiseite schaffen können. Da wo es gelang, die Hand darauf zu legen, geben sie kein vollständiges Bild des inneren Lebens, der Wirtschaftsführung der Firma, denn der Inhaber betrachtet sich nicht genug als Kaufmann, um § 38 HGB. für sich als verbindlich zu betrachten. Die vorhandenen Notizen sind unter Vorbehalt der Wahrhaftigkeit zu nehmen, sie bleiben aber auf alle Fälle für das Geschäftsgebahren charakteristisch.

In dem Kassabuche einer bekannten Bucketshop-Firma ward am Tage der Eröffnung des Geschäfts eingetragen:

1. Januar 1904: Gründungskapital .... ℳ 60 000

Im Laufe des Januar erschienen auf der Haben-Seite folgende Ausgaben:

Für Adressen	ℳ	40 000,—
Für Kosten	„	5 426,—
Einrichtungskosten	„	245,38
Mobiliar	„	951,—
Reise Meyer	„	277,62
Miete	„	300,—
Gehalt des Inhabers	„	2 000,—
Gehalt Meyers	„	1 600,—
Entnahme des Inhabers	„	500,—
	ℳ	51 300,—

	Transport ... ℳ	51 300,—
Reisen des Inhabers	„	788,—
Gehälter	„	550,—
Geldschrank	„	850,—
2 Schreibmaschinen	„	1 200,—
Briefmarken, Annoncen, Drucksachen usw.	„	2 929,45
	Summa ... ℳ	57 617,45

Mithin war das angebliche Kapital im ersten Monat bis auf ℳ 2382,55 verbraucht.

Belege für die Ausgaben waren in den beschlagnahmten Schriftstücken nicht vorhanden. Zur Beurteilung der Tatsächlichkeit der Angaben kann aber auf Urkunden über die aufgeführten Schreibmaschinen verwiesen werden. Es geht daraus hervor, daß der Inhaber im Januar und Februar eine Schreibmaschine zu ℳ 35,— monatlich gemietet hatte, im März zwei weitere Maschinen zum Preise von ℳ 1200,— kaufte, die jedoch monatlich mit ℳ 50,— abzubezahlen waren.

Unter dem Vorbehalt, daß der vorhandene Briefwechsel, alle getätigten Geschäfte berührt, beschränkte sich der Kundenkreis auf 9 Personen. Die getätigten Umsätze in Effekten ohne Berücksichtigung der Prolongationsgeschäfte haben im Jahre 1906 betragen:

im Januar	ℳ	143 000
„ Februar	„	231 000
„ März	„	64 700
„ April	„	102 300
„ Mai	„	79 600
„ Juni	„	232 500
„ Juli	„	232 700
„ August	„	89 100
„ September	„	208 000
„ Oktober	„	378 000
„ November	„	320 000
„ Dezember	„	234 000
„ Januar 1907	„	495 500
Summa	ℳ	2 810 400

Über die Gründung eines Bucketshop in Berlin sagte der Chef vor dem Untersuchungsrichter aus:

„Ich eröffnete das Bankgeschäft am 1. Februar 1909. Das Betriebskapital von ℳ 17 000 wurde mir von Frau....in.... geliehen." Die Eröffnungsbilanz führte unter dem 1. Februar 1909 ℳ 17 000 auf und im Februar auf Privat- und Spesenkonto ℳ 5300. Das Kassakonto beginnt erst im März, es vereinnahmt ℳ 2675,09 als ersten Prämienbetrag.

Die Aussage des Inhabers und die Eintragungen waren falsch. Aus der Klage, die die Darlehnsgeberin anstrengte, ging hervor, daß sie vom 10. Februar bis 5. Oktober 1909 zahlte:

	ℳ	13 848,83
Dadurch entstanden an Postspesen	„	25,15
Durch den Sohn der Darlehnsgeberin	„	3 350,—
Summa ..	ℳ	17 223,98
Darauf sind im Zeitraum vom 30. April 1909 bis 10. März 1910 in Summa zurückgezahlt	ℳ	7 850,—
so daß als Klageobjekt verblieben..............	ℳ	9 373,98.

Vor dem Landgericht I Berlin wurde der Inhaber zur Zahlung verurteilt. Bei Versäumnis der Zahlung wurde für die Gläubigerin gepfändet, in dem Geschäftslokale und in der Privatwohnung. Die Forderung blieb unbefriedigt, da nur noch geringwertige Sachen zu versteigern waren.

In Hinsicht auf das Betriebskapital ist eine Eintragung ins Handelsregister hervorzuheben, die vor dem Amtsgericht Berlin-Mitte am 22. Januar 1909 stattfand. Dort steht zu lesen: „Merkur", Bank-, Kommissions- und Finanzierungs-Institut Otto Sattler, Berlin.

Auf Intervention des „Zentralverbandes des deutschen Bank- und Bankiergewerbes", dem über das Geschäftsgebahren der Firma in wiederholten Fällen Klagen unterbreitet wurden, wurde seitens des Registerrichters die Handelskammer in Berlin befragt. Die Eingabe des Zentralverbandes zielte auf ein Verbot der Führung des ganzen Firmenzusatzes „Bank-, Kommissions- und Finanzierungs-Institut". Das Gutachten der Handelskammer stimmte dem zu aus dem Grunde der Nichtzulassung eines Vertreters der Firma bei der Börse. Auch war durch Umfrage bei den Maklerfirmen nicht festzustellen, daß eine von ihnen für die Firma Orders auf dem Terminmarkte kommissionsweise ausführte. Auf eine Anfrage des Amtsgerichts nach dem gegenwärtigen

Stande und den Ergebnissen des Jahres antwortete der Inhaber des Bucketshop:

„Mein Geschäft geht weit über den Umfang eines Kleingewerbes hinaus, da ich eine Jahresmiete von ℳ 8000 bezahle, ein Personal von über 50 Personen und für meine Drucksachen eine eigene Druckerei unterhalte.“ Das Amtsgericht schickte ihm nun einen Fragebogen zur Ausfüllung.

Am 23. Juli 1910 berichtet er darin:

Jährlicher Umsatz	ℳ	100 000 000
Anlagekapital und Betriebskapital	„	100 000
Jährlicher Ertrag	„	115 000
Mietswert der Betriebsräume	„	8 000

Größe, Einrichtung der Räume: Die erste Etage zweier Häuser und eigene Druckerei.

Kontorpersonal: 50 Personen.

Wie wird gezahlt? Bar.

Findet Wechselverkehr statt? Wechsel nur von der Kundschaft in jährlicher Höhe von etwa ℳ 300 000.

Zahl der Kunden? 200 ungefähr.

„Telephone sind drei Hauptanschlüsse erforderlich, zur Bedienung derselben mit Nebenapparaten eine eigene Telephonbeamtin. Allem an Provision und Gehalt werden monatlich annähernd ℳ 10—12 000 gezahlt. Ich glaube beweisen zu können, daß das Unternehmen an Größe manche Aktiengesellschaften weit übertrifft. Zu bemerken wäre noch, daß die Umwandlung in eine Aktiengesellschaft bevorstehend ist.“

Das Amtsgericht beanstandete den Zusatz „Institut“, „da er nur einer mit juristischer Persönlichkeit ausgestatteten Gesellschaft zukomme, insonderheit sei der Firmenstempel mit dem Zusatz „Der Direktor“ irreführend“. Der Inhaber wurde zur Firmenänderung vorgeladen, erschien aber nicht, darum wurde am 28. Juni 1910 die Löschung verfügt. Am 7. September 1910 erfolgte die neue Eintragung, in der für „Institut“ „Geschäft“ gesetzt wurde. Am 24. September 1910 bezeichnete ein Artikel im „Plutus“ das Verfahren des Amtsgerichts als „einen Schlag ins Wasser“. Am 23. September 1910 wurde die Verhaftung des Inhabers verfügt, der Kriminalkommissar fand einen Barvorrat von 8 Pfennig und 28 Heller und keinen Effektenbesitz vor.

Die Sachverständigen haben für den Untersuchungsrichter die Bücher der Firma geprüft und in Unordnung gefunden, so daß Anklage wegen

Konkursvergehens erhoben wurde, die zur Verurteilung führte. Es wurden alle Engagements und die eingezahlten Summen nachgerechnet und eine Erfolgsermittelung angestellt, so weit es die lückenhaften Aufzeichnungen gestatteten. Der Erlös aus den unterschlagenen Depots war nicht festzustellen, desgleichen nicht die Einnahme aus den Zweigfirmen. Ohne diese hat die Gewinn- und Verlustrechnung folgende Summen ergeben: 1. Februar 1909 bis 10. September 1910:

Barzahlungen der Kunden	904 473,—	Gewinnauszahlungen.	221 685,40
		Geschäftsunkosten	302 787,—
		Reingewinn	380 000,—
	ℳ 904 473,—		ℳ 904 473,—

Der Einblick in die Bücher der Firma und die amtlichen Angaben berechtigen zu dem Vorwurf der Vernachlässigung der erforderlichen Sorgfalt und der Grundsätze ordnungsmäßiger Buchführung, es ist Ungenauigkeit in den Zeitangaben und Unwahrhaftigkeit in der Größe der Summen festgestellt. Soweit man den Angaben über den Umsatz trauen darf, müssen die hereingeholten Summen überaus beträchtlich gewesen sein; ein Reingewinn von 380 000 ℳ in 1½ Jahren ist ein Resultat, daß in kein Verhältnis zu bringen ist mit dem Anlagekapital von 17 000 ℳ. Diese Tatsache in Verbindung mit den Ziffern in der Berichterstattung an das Registeramt geben Veranlassung zu der Behauptung, daß ein Bucketshop ein schwindelhaftes Unternehmen ist und unlautere Geschäftspraktiken pflegt.

5. Die Animierschreiben der Bucketshops.

Das Vertrauen der Kunden erschleicht der Bucketshop durch eine ungeheure Flut von Animierschreiben. Unter diesem Wortschwall geht dem Gelehrten, dem Arzt, dem Offizier, dem Beamten, dem Kaufmann ganz aus dem Bewußtsein, daß wir in Börsengeschäften im voraus nichts wissen können, wie es Adolf Wagner auf dem evangelisch sozialen Kongreß in Hamburg in Erinnerung brachte, als er sagte: „Die Börsengeschäfte beruhen auf einem fortgesetzten Operieren mit Momenten, die wir nicht wissen können." Der Bucketshop täuscht aber den Spekulanten vor, daß seine Informationen „totsicher" seien, daß z. B. in Dortmunder-Union-Aktien in nächster Woche zweifellos eine Steigerung um 10—20 % eintreten werde. Nach anfänglicher Abwehr der Illusionen verfällt ihnen auch der nüchterne Wirklichkeitsmensch — er zahlt dem Bucketshop eine Prämie.

Georg Bernhard hat im „Plutus" am 5. April 1913 ausgeführt, daß es den Bankgeschäften und den Großbanken, wie anderen kaufmännischen Unternehmungen freisteht, Reklame zu machen. Zweifellos kann dem Bankwesen nicht verboten sein, was in der Welt des Kaufmanns als ehrlich angesehen und mit mehr oder weniger Geschick von allen Firmen geübt wird: die zweckdienstlichste Reklame. Dazu gehören schriftliche und persönliche Empfehlungen. Es muß also allen Mitgliedern des Bankgewerbes gestattet sein, ihrer Firma alte Kunden zu erhalten und für die Kaufobjekte zu interessieren und neue zu werben, deren Vermögen groß genug ist, Effekten anzukaufen.

Nun liegt darin zwar die Gefahr des Überschreitens der Grenzen, aber das ist noch kein Grund, dem Bankwesen den Existenzkampf durch Ausnahmegesetze zu erschweren. Aber die Gefahr, die Freiheit des Wettbewerbs zur Vernichtung der Existenz der Mitmenschen zu mißbrauchen ist in der Kundenwerbung der Bankgeschäfte größer als in anderen Erwerbszweigen. Es ist ein anderes, ob ein Handlungsreisender Stimmung macht für eine neue Nähmaschine oder ein Vertreter einer Bank den Ankauf von Aktien von Voigtländer Maschinen empfiehlt. Die Unterschiede sind offenbar. Es stehen gegeneinander ein Kaufvertrag und eine Börsenspekulation, ein Landwirt gegen einen Börsenunkundigen, die Probe der Maschine und die Kontrolle des Wertes einer Aktie.

Hier fängt das Interesse des Staates an engagiert zu werden, denn in der Spekulation ist die Frage: „Sein oder Nichtsein!" Darum bedroht er im § 94 des Börsengesetzes (Novelle 8. Mai 1908) die Verleitung zu Börsenspekulationsgeschäften durch Animierschreiben und Reisende mit Gefängnisstrafe.

Ein Bucketshop verwendet für seine Kundenwerbung folgende schriftliche Mitteilungen:

1. Zur Einführung bedient sich die Firma der Zirkulare wie unten.

2. Daneben werden 14tägig Zeitschriften, „Der finanzielle Wegweiser" oder „Der Ratgeber auf dem Kapitalmarkte" und andere verschickt.

3. In der Zwischenzeit erhalten die Interessenten „Ergänzungsblätter", die irgendeine Erscheinung mitteilen, die für die Spekulation besonders chancenreich sein soll.

4. Jede Woche werden Börsenberichte herausgegeben, die das höchste Maß der Zuverlässigkeit beanspruchen.

5. Es wird telegraphisch oder telephonisch „zum schnellen Eintritt in den Markt" eingeladen.

Besonders bemerkenswert ist der Aufdruck auf den Berichten und den Briefbogen:

Bank-Conti: Dresdener Bank, Commerz- und Discontobank; Fernsprecher: Amt III, 3384. Amt III, 9232 (nur für Ferngespräche). Telegramm-Adresse: Prämienbank-Berlin; A.B.C.-Code, 4th und 5th Edition; Ausführung aller bankgeschäftlichen Transaktionen an allen Börsenplätzen des In- und Auslandes. Billigste Ausstellung von Prämien (Versicherung gegen Kursverluste). Ausstellung von Kreditbriefen an allen Plätzen der Welt. Kostenlose Auskunftserteilung über sämtliche an Börsen gehandelten Wertpapiere und Kurse.

An- und Verkäufe von nachweisbar rentablen Fabriken. Geschäften, Häusern, Grundstücken. Hypotheken-Verkehr. Teilhaber-Vermittelung. Finanzierung bestehender Geschäfte in G. m. b. H. und Aktiengesellschaften. Diskontierung von Wechseln, Kreditgewährung. Abteilung für Placierung.

Für die Unterschrift war bei der Firma der Zusatz: „Der Direktor" gemacht.

Es folgt nun eine Auswahl von den Zirkularen, die ein börsenunkundiger Beamter gegen seinen Willen von einer Berliner Bucketshop-Firma erhielt.

Am 1. März 1909:

„.... Durch unsere weitreichenden Verbindungen mit allerersten Persönlichkeiten vom Finanz- und Industriefache sind wir in der Lage unseren Kommittenten alle jene Nachrichten, welche für die Börsen des In- und Auslandes ausschlaggebend sind, zukommen zu lassen und zwar ehe die Börse dessen Rechnung tragen konnte, so daß es unsern Kommittenten ermöglicht ist, von der Konjunktur zu profitieren Wir haben uns einen Sonderdienst eingerichtet um telegraphisch oder brieflich unserer Kundschaft alle wichtigen Nachrichten mitzuteilen, und zwar unentgeltlich gegen Erstattung der Telegrammspesen......"

Am 16. März 1909. Streng vertraulich!

Soeben erfahren wir von vertrauenswürdigster, erstklassiger Seite, daß eine bedeutende Aufwärtsbewegung in Luxemburg. Prince Henri

E. A. unmittelbar bevorsteht und rechnet man in eingeweihten Kreisen auf eine Steigerung von ca. 15—20 %. L. Prince Henri notieren gegenwärtig 119 und waren bereits in den allerletzten Tagen erste Käufe zu bemerken [1]). Wir teilen Ihnen Vorstehendes in aller Eile und in der Annahme mit, daß Sie für gewinnbringende Informationen Interesse haben und davon nur für sich Gebrauch machen werden. Gegen umgehende briefliche oder Drahtzusage offerieren wir Ihnen Vorprämien auf: ℳ 30 000 Prince Henri.

Am 31. März 1909.

Höflichst bezugnehmend auf unsere Ihnen angegebene Information, bei deren Befolgung Sie bereits heute im Gewinne wären, gestatten wir uns mit Heutigem, Ihnen neuerlich einen ausgezeichneten Wink zu geben.

Wir erwarten, ebenso spontan wie bei unserer letzten Empfehlung, eine bedeutende Aufwärtsbewegung in Deutsche Bank-Aktien, die derzeit ca. 241 [2]) notieren, und dürfte auch hier mit einer Steigerung von 10—15 % in ganz kurzer Zeit zu rechnen sein.

Wir offerieren Ihnen nur gegen umgehende briefliche oder Drahtzusage Vorprämien auf je ℳ 1600 Deutsche Bank-Aktien.

Am 3. April 1909.

Empfohlene Effekten	In unserm Berichte vom	Zum Kurse von	Heutiger Kurs	Steigerung
Österreichische Kreditaktien	20. März a. c.	194,90	203,25	8½ %
Deutsch-Asiatische Bank	20. Februar	136,75	141,50	3¾ %
Russenbank	20. März	136,25	145,20	9 %
Diskonto	27. März	186,40	190,60	4 %
Prince Henri	13. März	115,50	121,25	6 %
Lombarden	13. März	17,20	20,10	3 %
Franzosen	13. März	146,—	150,20	4 %
Baltimore	13. März	106,—	111,75	5 %
Canada Pacific	17. März	168,10	178,—	10 %
Edison	20. Februar	224,10	229,—	5½ %
Siemens & Halske	20. Februar	200,10	207,10	7 %
Hapag	13. März	110,50	117,—	6½ %

Da unsere Informationen vielfach von anderer Seite ausgenützt

[1]) Höchstkurse der Lux. Prince Henri waren März 1909: 119,40; April 127,75; Mai 131,40.

[2]) Die Höchstkurse waren im April 244; Mai 243,75; Juni 242,50.

werden, haben wir uns entschlossen, unsere diesmalige Information, welche alle unsere bisherigen Erfolge weit zu übertreffen verspricht, unsern Interessenten nur mündlich zu geben und bitten wir Sie daher, uns mittelst beiliegender Postkarte mitzuteilen, ob Sie von unserer Information bei uns Gebrauch machen wollen, in welchem Falle einer unserer Beamten, ohne Obligo für Sie, nach dort kommen würde."

Als der Empfänger nicht antwortete, erfolgten fortgesetzt neue Animierungen.

Dem Zirkular vom 17. April 1909 war ein gelber Zettel beigefügt mit folgendem Aufdruck:

Zur gefl. Beachtung.

Wir machen unsere Interessenten darauf aufmerksam, daß wir soeben wieder eine erstklassige Information erhalten haben, die denselben Montag zugehen wird. Wir machen jedoch darauf aufmerksam, daß die volle Ausnutzung unserer Tips nur durch sofortige telegraphische Beorderung gewährleistet erscheint.

Am 19. April 1909 wurden Berliner Handelsgesellschaft-Anteile empfohlen: „Eine bedeutende Kurssteigerung, welche sofort nach unserer Empfehlung einsetzen wird." (Tatsächliche Kursbewegung: April 175—169; Mai 173—170; Juni 174—171.)

Am 28. April 1909: Harpener Bergwerksaktien: „Große Gewinnaussicht." (Tatsächliche Kursbewegung: April 198—189; Mai 197—190; Juni 191—188.)

Am 5. Mai 1909: „Wir erwarten eine Kurssteigerung von 30 % in Hapag-Aktien (Mai 120—118; Juni 118—116; Juli 121—116), von 20 % in Canada Pacific" (Mai 180—178; Juni 183—178; Juli 185—179).

Am 17. Mai 1909: „Wir erfahren und verraten eine 30 prozentige Steigerung in Aktien der Allgemeinen Elektrizitäts-Gesellschaft" (Mai 237—233; Juni 234—230; Juli 233—231).

Am 23. August 1909: „Wir können eine 20—30 prozentige Steigerung in Laurahütte-Aktien voraussagen auf Grund von Nachrichten aus der gleichen Quelle, aus welcher früher erfolgreiche Tips stammten" (August 191—182; Sept. 202—189; Okt. 197—191).

Am 31. August 1909: „Wenn Sie unsere Empfehlungen verfolgt haben, so werden Sie wohl den Beweis erbracht finden, daß wir stets auf das Ausgezeichnetste orientiert sind. Mit heutigem empfehlen wir Ihnen auf Grund gleicher Informationen den sofortigen Ankauf von

Dortmunder Union-Aktien, welche derzeit 85,50 notieren und für die wir in Kürze einen Kurs von weit über 100 erwarten. Wir offerieren Ihnen gegen umgehende Zusage Vorprämie auf ℳ 30 000 Dortmunder Union." (Tatsächliche Kursbewegung: Aug. 86—66; Sept. 87—82; Okt. 88—82.)

Am 14. September 1909: „Wir sehen eine gewaltige Kurssteigerung in Diskonto-Aktien voraus und empfehlen dringend sofort zu kaufen. Wir sind bereit, obige Prämie gegen Einsendung der Hälfte des Betrages in bar zu überlassen, wenn uns für die restliche Hälfte ein Akzept auf einen Monat Laufzeit zur Diskontierung gegeben wird." (Tatsächliche Kursbewegung der Diskonto: Sept. 200—190; Okt. 200—196; Nov. 198—195.)

Diese hier im Auszug gegebenen Animierschreiben sind nur ein kleiner Teil von der ganzen Serie, die dem Empfänger zugesandt wurde. Von andern Zeugen aus den Strafprozessen erfuhr man, daß sie die gleichen Briefe in gleich großer Zahl bekommen hatten. Nur wenige Personen hatten von dem Bucketshop Auskunft gewünscht durch Benutzung der Postkarte, die dem ersten Zirkular angehängt war. Alle übrigen erhielten die aufdringlichen Angebote und Auskünfte ohne irgendwelche Veranlassung dazu gegeben zu haben; viele wurden aber dadurch zu einem endlichen Versuche verleitet und gaben einen Kaufauftrag. Wie zahlreich die Animierschreiben einer Firma sind, wurde festgestellt: man kam auf mehr als 7000 im Monat.

In bezug auf die empfohlenen Werte selbst geht aus den angeführten Beispielen hervor, daß diese Firma durchweg oder lediglich erste Börsenwerte empfahl. Es konnte den Empfängern nicht der Gedanke kommen an die Nichtzulassung des „Bankiers" an der Börse oder an die Nichterfüllbarkeit der Geschäfte in seiner Firma. Die Täuschung gelang vollkommen: Die empfohlenen Effekten schienen für die Vertrauenswürdigkeit der Firma zu bürgen. — Andere Firmen machen Offerten in amtlich nicht notierten Werten: Industriepapieren, Kuxen und Bohranteilen. Während sich die Geschäfte der ersten Art rühmen, nur „solide Industrie- und Bankaktien an den Markt zu bringen", ziehen es die von der zweiten Art vor, durch den amtlichen Kurszettel nicht kontrolliert und rektifiziert zu werden. Am bequemsten ist es auf jeden Fall, für Prämiengeschäfte solche Werte auszubieten, die zeitweilig geringen Kursschwankungen unterworfen sind, worauf im Kapitel über die Prämiengeschäfte näher eingegangen wird.

Der Bucketshop berichtet in seinen brieflichen Animierungen immer nur von Steigerungen der Kurse. Das tut er in genauer Kenntnis der Spekulantenpsyche. Dieser ist die Illusion einer enormen Kurssteigerung leichter einzuflößen als die Zuversicht, aus einem Kursfall großen Gewinn ziehen zu können.

Eine Nachprüfung der Tatsächlichkeit der prophezeiten Kurssteigerungen ergibt das Resultat, daß der Bucketshop manchmal geschickt spekuliert und Zeitumstände, Situationen auf dem Geldmarkte, Nachrichten über Inanspruchnahme und Entwicklung der Industriebetriebe richtig kombiniert hat. Das ist aber nichts Außergewöhnliches; jedem Bank- und Börsenmann, jedem Kaufmann gelingt das von Zeit zu Zeit. Es läßt sich aber mühelos nachweisen, daß die Mehrzahl der Voraussagungen irrig war, wie die zitierten Beispiele zeigen. In keinem derselben fand die „totsichere Steigerung von 10—30 %" statt, wenn überhaupt, so brachten die vom Empfehlungstage gezählten nächsten 3 Monate nur geringfügige Bewegung nach oben, oder es trat Kursfall ein. Die im voraus gezahlten Prämienbeträge waren also verloren. — Aus dem Mißlingen der Beratung allein auf vorsätzlich falsche Information zu schließen, wäre zu viel unterstellt bei der tatsächlichen Unberechenbarkeit der Kursbewegungen; aber in Kombination mit der Aufdringlichkeit der Berater einerseits und der Unerfüllbarkeit der Prämiengeschäfte im Bucketshop andererseits ist den Anpreisungen gegenüber der Verdacht der Arglist motiviert.

Dieser wird noch verstärkt durch die Unwahrhaftigkeit in den Versicherungen über die Grundlagen der Informationen. Die angeklagten Bucketshop-Inhaber machten nicht einmal den Versuch Quellenmaterial nachzuweisen oder Beziehungen zu eingeweihten Persönlichkeiten bekannt zu geben. Sie mußten zugeben, daß ihr Informationsdienst nur aus schwindelhafter Kombination bestand und auf Täuschung der Kunden berechnet war.

Als eine besonders große Gefahr erscheint das Angebot in den Animierschreiben, für die Hälfte des Prämiensatzes ein Akzept zu geben. Der Bucketshop benutzt diese scheinbare Erleichterung der Zahlung als ein Mittel, die Kapitalschwachen zu verleiten über ihre Mittel hinaus in Engagements einzutreten, die ihre wirtschaftliche Tüchtigkeit lähmen. Er benutzt die Unerfahrenheit vieler Nichtkaufleute in der Disposition über die an einem entfernten Zeitpunkte flüssigen Geldmittel.

Zuletzt ist das Charakteristische in der Form der Animierungen hervorzuheben. Es wird entweder eine „spontane Aufwärtsbewegung" in einem bestimmten Wertpapier verraten und zu „telegraphischer Order" aufgefordert oder es erfolgt zuerst die Ankündigung einer ausgezeichneten Information über ein besonders „chancenreiches Papier" und nach eingehender Prüfung der Name desselben. Dazu ward: „Streng diskret" hinzugefügt um allen Schein vertrauenswürdiger Beratung zu wahren. Telegramme und telephonische Anrufe zur Börsenzeit mußten die Täuschung vollenden und allen Zweifel auslöschen, es könnte die ratgebende Firma etwas anderes als eine allererste Bankfirma sein.

6. Die Tätigkeit der Reisenden von Bucketshops.

Die zweite Haupttätigkeit des Inhabers im Betriebe des Bucketshop bilden die Anweisungen an die Reisenden. Auch auf diesem Gebiete wird eine ungewöhnliche Raffiniertheit betätigt. Die großzügig angelegten Bucketshops halten einen Stab von Agenten und Reisenden, denen sich gelegentlich noch einige spezielle Sendboten anschließen.

Über die Veranlassung zu seiner Verbindung mit der Bucketshop-Firma hat ein höherer Beamter vor Gericht folgendes unter Eid bekundet:

Schon längere Zeit bevor er mit der Firma in Verbindung trat, erhielt er unverlangt die von ihr herausgegebenen Publikationen durch die Post zugesandt. Darauf kam ein Vertreter der „Bank" zu ihm, und fragte, ob er nicht nach so langem Bezuge der betreffenden Publikationen die Absicht hätte, eine Verbindung mit seiner Firma zu versuchen. Der Beamte lehnte ab, da er vom Börsenwesen keine Ahnung hätte, und es ihm nicht daran liege, Geschäfte zu machen, die er zu überschauen außerstande sei. — — Der Reisende sagte ihm aber, daß seine Bedenken gewiß den größeren Banken gegenüber, nicht aber gegen seine Firma am Platze wären. Alle größeren Banken, so führte er aus, spekulieren sämtlich in einzelnen Papieren, beteiligten sich an Emissionen usw. und hätten infolgedessen das naturgemäße Bestreben, teils die Papiere, die ihnen lästig geworden seien, loszuwerden, teils die von ihnen oder unter ihrer Beteiligung emittierten Papiere an den Mann zu bringen. Seine Firma dagegen befasse sich mit Verkaufsgeschäften von vorrätigen Papieren überhaupt nicht, sondern hätte nur das Bestreben, durch zuverlässige Informationen an zuständiger Stelle und mühevolle Beobachtung des Marktes und aller politischen Vorgänge, ihren Kunden zu möglichst sicheren Gewinnen zu verhelfen. Der Gewinn für die Firma bestände ausschließlich in der börsenmäßigen Provision, die nach den niedrigsten Sätzen berechnet werde. — — Dennoch hatte der Reisende keinen Erfolg, aber er kam nach einigen Wochen wieder und offerierte ein Geschäft, das sicherste Aussicht auf Kursgewinn und zwar sehr hohen habe.....

Bei einem dritten Besuche wies aber der Reisende an Hand „des Kurszettels" nach, daß das Papier ganz außerordentlich gestiegen wäre, und als er dann noch einmal wiederkam, ließ sich der Beamte verleiten, Geschäfte mit der Berliner Firma einzugehen. Die Reisenden besuchen den einen Kunden im Auftrage des Hauptgeschäfts, den andern für die Filiale, wie aus folgender Korrespondenz hervorgeht. — Ein Reisender schrieb am 8. März 1910 an seinen Chef: „Mit schwerer Mühe habe ich den Mann doch festgenommen, ich habe mit ihm bis Abends zu tun gehabt, ich wollte ihn nicht auslassen, da Sie schon beim Telephon mir gesagt haben, daß ich ihn nicht auslassen soll, und ich versichere Sie, wo nur ein Funke von Wille ist, der kommt aus meinen Händen nicht heraus."

Der Chef an den Reisenden am 17. März 1910:

„Wir ersuchen Sie, Herrn S. nicht für uns, sondern für die Filiale zu besuchen und denselben zu veranlassen, seine bei obiger Firma abgeschlossene Prämie per Ultimo März auf ℳ 90 000 Vereinigte Glanzstoff zu prolongieren."

Der Reisende an den Chef am 20. März 1910:

„Bei S. war ich 2 Stunden, aber ich konnte trotz meiner größten Mühe nichts erzielen...."

Der Reisende an den Chef am 21. März 1910:

„L. macht große Kassageschäfte und habe ich ihn so weit bewogen, bei uns ein Geschäft zu machen; ich müßte zu diesem Zweck durch ein Telegramm an meine Adresse auf irgend ein Montanpapier aufmerksam gemacht werden. Nennen Sie irgend etwas, ...ich benötige das Telegramm, um es vorzulegen, also bitte es danach aufzusetzen, dieser Kunde ist mir sicher."

Der Chef an den Reisenden (Telegramm), 22. März 1910:

„Werden soeben nochmals auf Deutsch-Luxemburg aufmerksam gemacht, rapide Steigerung in kurzer Zeit zu erwarten."

Der Reisende an den Chef am 27. März 1910:

„War heute bei J. und D. und ist es evtl. möglich, morgen mit ihnen etwas zu machen; geben Sie mir bitte sofort postlagernd Düsseldorf Telegramm mit Prince-Henri-Empfehlung."

Der Chef und seine Reisenden gehören der Gattung der gemeingefährlichen Individuen an, die ihre Beute zu finden wissen und mit unerhörten Mitteln in ihre Netze stoßen. Es ist in diesen Berichten das rücksichtsloseste Ausbeutesystem geschildert und doch konnten die Handlanger ihrem Meister oft nicht genug tun. § 94 Börs.-Ges. trifft hierauf in allen Punkten zu. Worüber der Reisende sein Opfer orientiert, d. h. wie er ihm ganz das vernünftige Denken austreibt und Spekulationswut an die Stelle rückt, das wird klar aus dem Programm, daß diesen Individuen von ihrem Brotgeber aufgestellt wird. Zunächst muß der Eindringling herausfragen, wieviel Kapital flüssig oder Effekten im Geldschrank sind. Dann hat er zu suggerieren, daß mit 1000 oder 2000 ℳ ein gutes Geschäft beispielsweise in AEG.-Aktien zu machen sei, schon in 8—10 Tagen könne ein hoher Gewinn erzielt werden, ein Risiko sei unmöglich. Wenn der Kunde ablehnt, erbittet der Reisende die Erlaubnis, noch einmal wieder vorsprechen zu dürfen. Bleibt der Kunde auch beim zweiten Besuch fest gegen die Vorstellungen, meint er etwa, er könne Geldgeschäfte auch bei den heimischen Banken oder Berliner Großbanken machen, dann zieht der „Fachmann" vom Leder und von den Bankiers und der Deutschen und Dresdener Bank bleiben nur Schemen, denn sie nehmen zu hohe Spesen, sie sind über die Marktlage nicht orientiert, sie arbeiten zu teuer, sie lassen sich von ihren Kunden etwas schenken, sie mißbrauchen die Depots der Kunden usw. Dagegen empfiehlt sich ein Versuch gewinnbringender Spekulation bei der Firma des Reisenden, die über einen zuverlässigen Informationsdienst verfügt und den Gewinn den Kunden zukommen läßt. Über AEG.-Aktien hat er gegenwärtig sicherste Auskünfte, sie werden in Kürze um 20 % steigen. Der Reisende erklärt, Personen nennen zu können aus der betreffenden Stadt, die in kurzer Zeit bei seiner Firma ein Vermögen gewonnen haben. Jetzt ist es Zeit, den Augenblick auszunutzen, nicht erst noch bedenken oder Erkundigungen einziehen, nein, jetzt handeln! Morgen ist die Hauptsteigerung. — Und das Resultat ist, der Kunde macht einen Versuch.

Die Kritik kann die Berichterstattung über Einzelfälle nicht entbehren.

Ein Arzt war im Mai 1909 bereit, ein kleines Geschäft mit etwa 2000 ℳ zu wagen. Der Reisende wendete ein, daß es sich nicht lohnte, man sollte doch 6000 ℳ einsetzen, weil damit 50 000 zu gewinnen seien. Als Dr. X. nicht mehr anlegen wollte, kam ihm der Vertreter der Firma entgegen und nahm 2000 ℳ in bar, für 4000 ℳ einen Zweimonats-Wechsel. Der Arzt wollte aber von Wechseln nichts wissen, da beruhigte ihn der Reisende, dieser Wechsel wäre ein Depotwechsel, der nicht in Umlauf käme, denn ein Bankier müßte diskret sein, wie ein Arzt. Eine große Anzahl Offiziere hätten Depotwechsel bei seiner „Bank", die natürlich niemals in andere Hände kämen. Der Kunde gab das Akzept unter dieser Bedingung. Außerdem versicherte der Reisende, daß das Akzept nur Formsache wäre, es würde ihm nicht präsentiert werden, da die AEG.-Aktien steigen würden, im ungünstigsten Falle würde der Depotwechsel prolongiert werden.

Was geschah? Die AEG.-Aktien fielen auf 234 im Juni, der Wechsel wurde prolongiert, der Reisende kam wieder und animierte zur Prolongation des Engagements, riet vom Verkauf ab, da die Aktien gefallen wären, der Wechsel wurde zu Protest gegeben und eingeklagt, das Engagement ward im September 1910 mit 242½% glattgestellt, als die Aktien zu steigen anfingen, und — der Gewinn wurde von einer neuen Prämie über 60 000 ℳ Rombacher aufgesogen! Diese ging verloren, da die Rombacher von September bis November stagnierten (174 : 171 : 171).

Ein wesentlicher Punkt der Animierungen durch die Reisenden liegt in deren Stellungnahme zu den Bestimmungen der §§ 53, 54 des Börs.-Ges. Bei ihren Besuchen haben vorsichtige und erfahrene Kunden darauf aufmerksam gemacht, daß sie gar nicht börsentermingeschäftsfähig wären. Die Reisenden gaben allemal vor, daß diese Paragraphen für das Prämiengeschäft mit ihrer Firma nicht in Anwendung zu bringen wäre. Sie zeigten den Kunde die Engagementslisten, woraus ersichtlich war, daß der größte Teil der Kundschaft aus Nichtkaufleuten bestand und sonderlich Offiziere und Beamte bei ihnen Geschäfte machten. — Ebenso verhielten sich die Firmeninhaber selbst beim Abschlusse der Engagements. Sie änderten jedoch ihren Standpunkt, wenn der Kunde wider Erwarten in Gewinn kam. Dann stornierten sie die Geschäfte und machten dem Kunden davon Anzeige oder erhoben im Prozesse den Differenzeneinwand in „nicht-zugelassenen Börsentermingeschäften" (§ 53 Börs.-Ges.).

Die Reisenden besuchten die Kunden teils im Auftrage der Hauptfirma, teils verleugneten sie allen Zusammenhang derselben mit dem Zweiggeschäft, wie aus einem Schreiben eines Chefs an einen Reisenden hervorgeht: „M. hat bei der Filiale eine Prämie in „Vereinigte Glanzstoff" und ist mit 18 000 ℳ im Treffen und ersuchen wir Sie, falls derselbe über den Abschluß spricht, ihm mitzuteilen, daß Sie für Glanzstoff große Meinung haben, so daß derselbe prolongiert. Keinesfalls lassen Sie merken, daß die Firma unsere Filiale ist."

Zuletzt ist ein Kunstgriff des Bucketshops zu illustrieren, der durch die Reisenden ausgeführt wird, wenn es keine andere Möglichkeit gibt, einer Gewinnauszahlung auszuweichen. Es ist der Umtausch einer Vorprämie gegen eine andere. Wie schon oben hervorgehoben wurde, läßt der Bucketshop seine Kunden à la hausse spekulieren, während er eine Stagnation oder einen Kursfall erwartet. Wenn nun wider sein Erwarten die Kurssteigerung fortdauert, dann würde eine Prolongation des Engagements trotz hoher Spesen dem Kunden vermehrten Gewinn bringen. Die Gewinnauszahlung zu vermeiden, bleibt es dem Bucketshop zwar noch übrig den Registereinwand (§ 53 Börs.-Ges.) zu erheben oder den Gewinn in einer neuen Prämie festzuhalten, aber es erscheint einfacher, eine auf Gewinn für den Kunden hinauslaufende Prämie fallen zu lassen und eine andere zu verkaufen. — Diese Kunstform ist durch die Bucketshops geübt worden, wie folgendes Beispiel zeigt:

Ein Kunde K. hatte am 17. Mai 1909 eine Vorprämie genommen über 100 St. = 42000 ℳ Canada-Pacific-Shares zu 182,25 (= 180 + 2,25 Report) zu $3^1/_8$ % per ult. August. Am 15. August schrieb der Käufer, es wäre nun an der Zeit, die Glattstellung vorzunehmen. Der Bucketshop antwortete mit der Empfehlung von Prolongation zu 1 % = 420 ℳ bis ult. September. K. wollte aber mit kleinem Gewinn fürlieb nehmen, dennoch ward er durch erneute Zuschrift am 26. August gewonnen zu prolongieren. Im September hatte K. aus seinem Engagement einen Gewinn von 700 ℳ in Aussicht und wünschte darum Glattstellung. Jetzt erschien aber der Reisende, der auch den Prämienabschluß veranlaßt hatte, und trug dem Kunden vor, daß es vorteilhaft wäre, das Canada-Geschäft in eine Prämie auf Prince Henri überzuleiten, der Kursgewinn aus den Canada sollte die Prämie auf Prince Henri decken. Dem Kunden wollte die Umwandlung nicht gefallen, aber die Beredsamkeit des Reisenden, die Schilderung der glänzenden Gewinnaussichten in Prince Henri und die Versicherung, daß der Bucketshop an der Börse zugelassen sei, verleiteten ihn, die Canada-Prämie in eine Prince Henry zum Kurse von 133 % per ult. Okt. zu $3^3/_8$ % umzutauschen. Auf der Schlußnote ward jedoch ein Kurs von 136,50 in Anrechnung gebracht, worauf K. dieselbe unter Berufung auf die Abmachung mit dem Reisenden zurückschickte. Seine Reklamation wurde von der „Direktion“ der Firma abgewiesen, mit dem Bemerken, „daß wir uns auf mündliche, mit unserm Vertreter gemachte Vereinbarungen nicht einlassen können!“ Der Bericht des Reisenden über den Vorgang lautete: „Ich komme soeben von Z. zurück, wo ich K., Zivilingenieur, besucht habe. Derselbe ist ein sehr schwerer

Mann. Es ist mir trotzdem gelungen, einen Auftrag zu erhalten, K. kauft ℳ 40 000 Lux. Prince Henri per ult. Oktober zu $3^3/_8$ %, gleichzeitig gibt er seine Canada-Prämie auf."

An diesem und andern Beispielen ward den Bucketshops vor Gericht nachgewiesen, daß ihnen die Hausse im Sommer und Herbst 1909 sehr unangenehm war. Diese machte sich hauptsächlich auf dem Terminmarkte bemerkbar und steigerte vornehmlich die Industrie- und Bankwerte. Daher gerieten die Bucketshops in eine Zwangslage, fast alle Spekulationspapiere stiegen kontinuierlich, so daß die meisten Vorprämien auf Gewinn der Kunden hinauslaufen mußten. — In bezug auf Canada Pacific Shares war es Ende August 1909 entschieden, daß die New Yorker Baisse nicht nach Deutschland herübergriff, darum war es zu erwarten, daß die Canada Shares zum mindesten bis zur Dividendenzahlung im Oktober steigen würden. Es war darum seitens des Bucketshop arglistig, aber geschickt, die zweifellos auf höhere Gewinn ausgehende Prämie abzustoßen und dem Kunden ein Papier zu verkaufen, das weniger steigerungsfähig war und tatsächlich im September mit 135,90 kulminierte, so daß der Prämiensatz, die Prolongationsgebühr und der Gewinn von 700 ℳ verloren ging.

7. Die Vertrauensseligkeit der Spekulanten in die Geschäftsführung der Bucketshops.

Der Erfolg der Bucketshops erklärt sich nicht allein aus der Geschäftstüchtigkeit der Inhaber, auch nicht bei Berücksichtigung der Kundenjagd der Reisenden, sondern ruht zu einem guten Teile in der Verblendung der Glücksjäger, der Unerfahrenheit und Spekulationslust der wohlhabenden Kreise und der Vertrauensseligkeit derer, die von einem fremden „Bankier" mit sogenannten Börsenberichten bedacht werden. Da schreibt ein Arzt: „Selbstverständlich füge ich mich in dieser Beziehung gern Ihrer maßgebenden Einsicht in die Verhältnisse und werde den Betrag von 3129,20 ℳ überweisen. Möchte nur das Glück einmal bei mir Einkehr halten!" Und blindlings glaubt der Spekulant dem Bucketshop, wenn der ihm sagt: „Seien Sie überzeugt, daß es mir gelingen wird, Ihnen große Gewinne zuzuführen." Ein anderer schreibt: „Hierdurch teile ich Ihnen höfl. mit, daß ich Ihnen dieser Tage ℳ 3000 zugehen lassen werde und Sie bevollmächtige, bis auf Widerruf Börsenoperationen bis zu dieser Höhe nach eigenem Gutdünken vorzunehmen." Börsenoperationen wurden nicht vorgenommen, aber die Zahlung von 3000 ℳ wurde akzeptiert, der Kunde erhielt auch Schlußscheine, die endliche Abrechnung ergab aber ein Saldo zugunsten des Bucketshop.

Die Bucketshops offerieren den in Börsengeschäften unerfahrenen Personen die Prämie als ein Mittel, unbegrenzt hohen Gewinn zu erzielen mit einem Einsatze von 2—5 % des Nominalbetrages als Verlustmaximum. Das ist ein Risiko, das die Sparer in Berlin und in der Provinz für einen „großen Schlag" glauben wagen zu können, sie schätzen sich glücklich einen „Berater" gefunden zu haben, dessen „Uneigennützigkeit" ihnen fast zweifellos erscheint, wenn sie die vielen gedruckten und geschriebenen Börsenberichte und Tips ansehen, die dieser ihnen unaufgefordert seit Monaten zugeschickt hat. Den hohen Gewinn wirklich zu erlangen scheint ihnen darum sicher, weil sie täglich das Engagement glattstellen können.

Dieser Psyche gegenüber hat der Bucketshop häufig leichte Arbeit. Der Auftrag fällt ihm zu, seine Vorstellungen haben wilde Spekulationslust erweckt, alles vernünftige Denken ist gewichen, an Vorsicht und Einholung von Auskunft wird nicht mehr gedacht, sondern auf Wunsch des fremden „Bankiers" und seines Reisenden schnell ein Prämiengeschäft abgeschlossen. — Wenn nach der Abreise des Reisenden die Besinnung wiederkehrt, erfolgt oft ein telegraphischer Widerruf des Auftrags, aber die Firma antwortet: „Der Kauf an der Börse war bereits abgeschlossen." — Viele Zeugen mußten sich in den Bucketshop-Prozessen zu obiger unbesonnener Handlungsweise bekennen.

In vielen Fällen wurde den Kunden durch die Reisenden der Rat erteilt, plein pouvoir zu geben zum Kauf und Verkauf, zur Prolongation und Glattstellung von Engagements. Die Reisenden führten fertige Formulare dafür mit und es gelang ihnen infolge des Leichtsinns und der Leichtgläubigkeit der Spekulanten unterschriebene Vollmachten nebst Deckung als besondere Triumphe an die Firma zu senden. Es ist kaum nötig zu bemerken, daß ein reelles Bankgeschäft solche Vollmachten nicht begehrt und übernimmt.

Wie handelt der Bucketshop, wenn ihm Sicherheit gestellt und Vollmacht erteilt ist, für Rechnung des Kunden Geschäfte abzuschließen? Unter vielen zeige es ein Beispiel.

Am 20. April 1909 gab ein Kunde jene Vollmacht und verpfändete 2000 ℳ Preußische Konsols „zur Deckung von Verlusten aus Börsentermingeschäften", er verzichtete auch auf Rückgabe der gleichen Nummern.

Der Bucketshop kaufte 15 000 ℳ Berliner Handelsgesellschaftsanteile zum höchsten Tageskurse von 172,75 % (Anfangskurs war 172,60 %). Die Glattstellung nahm er am 26. April 1909 vor zum Kurse von 172 % (der Anfangskurs war 172,40). Der Kunde ward belastet mit 25 980 ℳ und erkannt mit 25 732,80 ℳ, er zahlte dem Bucketshop 247,20 ℳ.

Ganz besonders tragisch war der Fall eines Arztes, dessen Vermögen durch einen Bucketshop so weit aufgesogen wurde, daß er sich das Leben nahm. Er war zu 10 Vorprämien verleitet worden, die durch den Bucketshop willkürlich prolongiert werden durften unter Berechnung von 1¼ bis 1¾ % Report pro Monat. 4 Engagements wurden je 5mal prolongiert, wobei jedesmal Prämien und Stempel berechnet wurden. Nach den Verbuchungen des Buketshops wurden ℳ 31 000 gezahlt, nach den Abhebungen auf seiner Bank und Wechselverbindlichkeiten zu schließen, muß der Kunde mehr als 100 000 ℳ eingebüßt haben.

Personen akademischer Berufe ließen sich zu einer Unzahl von Engagements verleiten. Ein Kunde nahm nicht weniger als 26 Vorprämien binnen einiger Monate, auch seine Gattin schloß 7 weitere auf eigene Rechnung ab. Unverständlicher noch wird die Spekulationswut, wenn man die zahlreichen Reklamationen in Betracht zieht, die dies Ehepaar gezwungen war einzulegen wegen Kursschnitte, zu hoher Reportsätze und umgangener Gewinnauszahlungen. Mann und Frau zahlten insgesamt 34797,25 ℳ + 6719,95 ℳ teils in bar, teils in Gewinnen, teils mit verpfändeten und vom Buketshop „weitergegebenen“ Wertpapieren.

III. Die Prämiengeschäfte der Bucketshops.

1. Das Wesen der Prämiengeschäfte.

Unter den Geschäften der Bucketshops finden sich die Prämiengeschäfte, und zwar hauptsächlich Vorprämien, in der überwiegenden Mehrzahl. Das Interesse des Gelderwerbs veranlaßt die Betriebsinhaber, auf Prämien hinzuleiten, weil zu diesen Spekulationsgeschäften die Unerfahrenen und Kleinkapitalisten am leichtesten zu verführen sind und dadurch die größte Aussicht auf Geldeingänge gewährleistet wird.

Hinter der Unsumme der hereingeholten Abschlüsse von Vorprämien bleibt die Zahl der Rückprämien zurück. Kassengeschäfte kommen fast gar nicht vor. Auch Ultimogeschäfte lehnen sie in der Regel ab, da sie wider ihr Interesse sind; eine etwaige Forderung der Stücke müßte sie in Verlegenheit bringen, da sie nicht daran denken, Käufe und Verkäufe von Effekten zu vermitteln. Kassa- und Ultimogeschäfte kommen nur dann im Bucketshopbetriebe vor, wenn es den Inhabern daran liegt, unter einigen regelrechten Börsengeschäften eine große Anzahl ungedeckter Prämien zu verbergen. Es wird behauptet, daß sich in Berlin noch viele Bucketshops von dieser Gattung befinden. Sie sind zum Teil zur Börse zugelassen, zum Teil tätigen Hilfspersonen ihre Geschäfte.

Da die Geschäfte der Bucketshops unter dem Namen der regulären Banktransaktionen gehen, sind sie lange Zeit auch als solche gewertet worden, so daß sich die Ansicht verbreiten konnte, die Bucketshops und ihre Geschäfte seien den Banken und Bankgeschäften wesensgleich. Daß dies nicht der Fall ist, wurde in der Rechtsprechung der Jahre 1911 bis 1913 öffentlich bekundet; die Urteile der Berliner Strafkammern haben die Grenze zwischen Banken und Bucketshops aufgezeigt. Sie erkannten den Betrug der Schwindelfirmen und verurteilten die Inhaber zu mehrjährigen Gefängnisstrafen. Als das Kriterium der Bucketshops muß man die Prämiengeschäfte ansehen, zu denen die Kunden gedrängt werden, ohne daß seitens der Firmen entsprechende Deckungsgeschäfte abgeschlossen werden oder hinreichendes Vermögen in bar oder Effekten vorhanden ist, die Verbindlichkeiten zu erfüllen.

Es ist auch bei den Börsenspekulationsgeschäften, wie sie die Prämien darstellen, daran festzuhalten, daß es sich um Börsenhandel, nicht um Börsenspiel oder Wetten, handelt. Diese letzteren Bezeichnungen stehen sachlich und rechtlich in Widerspruch zu dem Begriff Börse. Es handelt sich bei den Prämien um Käufe, bzw. Verkäufe von Forderungs- und Lieferungsrechten in bezug auf die am Börsenmarkte fungiblen Werte; durch Zahlung der Prämie wird das Recht des Rücktritts von dem Kaufvertrage erworben. Davon wird der Prämienkäufer Gebrauch machen, wenn seine Spekulation irrig war. Im andern Falle sind Gegengeschäfte nötig, um Gewinne aus den Effektenkäufen auszulösen.

Zum Wesen der Prämiengeschäfte gehört ferner, daß sie an einem im voraus bestimmten Termine auslaufen. Die Berechtigung der Prolongation wird von Theoretikern und Praktikern bestritten und hat in die

Praxis der ordentlichen Bankgeschäfte keinen Eingang gefunden; solange das nicht geschieht, muß die Sinngemäßheit der Prämienprolongation verneint werden.

Das Interesse an den Vor- und Rückprämien wird durch die Möglichkeit des vielfachen Kauf- und Verkaufs auf Grund eines Prämiengeldes erhöht, denn darin findet die Spekulation eine erwünschte Gelegenheit der Betätigung.

Es wird im folgenden gezeigt, wie der Bankier oder Prämienhändler eine Vorprämie an der Berliner Börse ausführt und eine Gewinnberechnung vornimmt.

Ein Auftrag vom 10. Juli 1913 lautet auf:

Vorprämie Stück 50 Canada 216/2 per ult. August. Unter der Voraussetzung, daß der Ultimokurs am 10. Juli per ult. Juli 213 ist, wird diesem Kurse der voraussichtliche Report von ult. Juli, ult. August mit 1% zugeschlagen, daraus resultiert die Prämienbasis 214.

Die natürlichste Ausführung ist ein kongruenter Kauf; der Bankier kauft an der Börse selbst von einer ihm bekannten Firma, oder er gibt seinen Auftrag an einen Makler im freien Markte, oder er überläßt ihn einem beeideten Makler.

Die Auflösung kann aber auch geschehen durch Kauf der Hälfte des Quantums fester Stücke und für die andere Hälfte Kauf einer Stellage. (Bei einer Rückprämie: Verkauf der Hälfte der Stücke fest, für die andere Kauf einer Stellage.) Falls dieser Modus gewählt wird, ist der Beweggrund dieser: Der Bankier kauft, bzw. bei Rückprämie verkauft die festen Stücke schon zu Ultimo des laufenden Monats, weil er annimmt, daß er damit einen Zinsgewinn erzielen kann. Den Kauf der Stellage pflegen die meisten Bankiers unverzüglich am Tage des Auftrags zu erledigen, Aufschub würde eine Risiko einschließen.

Auf dem ersten oder zweiten Wege wird also die Prämie seitens des Bankiers sofort aufgelöst, er ist damit gedeckt und kann ganz uninteressiert die Kursentwicklung und den Entschluß des Spekulanten abwarten. Dieser hat ihm mitzuteilen, wann er beim etwaigen Steigen die Prämie glattstellen will. Wenn die Kurse aber fallen, wird der Kunde das Prämiengeld am Prämienerklärungstage des Monats August abandonnieren. Dann hat er für sein Vorprämiengeschäft folgende Rechnung zu begleichen.

Vorprämie: Stück 50, Canada à 216/2		....	ℳ 420,—
ℳ 21 000			
Courtage ½‰	von ℳ 21 000	....	„ 10,50
Stempel 0,6‰[1])	„ „ 46 000	....	„ 27,60
Provision 1‰	„ „ 210×216	....	„ 45,40
			ℳ 503,50
			Wert 10. Juli

Der Rechnungsbetrag ist im allgemeinen im voraus beim Abschluß des Engagements zu zahlen. Ist nun die Spekulation à la hausse verfehlt, so erledigt sich die Vorprämie von selbst, sie wird wegen Fallens des Kurses abandonniert.

Nehmen wir aber den günstigen Fall einer erheblichen Steigerung des Kurses an, über 216 + Spesen hinaus, so wird der obigen ersten Abrechnung das Geschäft der Glattstellung folgen, wie z. B. am 16. August zum Kurse von 220%. Das Konto des Vorprämienkäufers wird seitens des Bankiers nach dem Verkauf der 50 Stück Canada wie folgt beglichen:

50 Stück Canada à 214%	ℳ 44 940,—	50 Canada à 220%		ℳ 46 200,—
		½% Courtage	ℳ 10,50	
		Stempel	„ 28,20	
Saldo	„ 1 175,10	1‰ Provision	„ 46,20	„ 84,90
	ℳ 46 115,10			ℳ 46 115,10

Zieht man von dem Saldo den im voraus gezahlten Betrag von Prämiensatz und Spesen = 503,50 ℳ ab, so erhält man den Gewinn des Kunden, der 671,60 ℳ beträgt.

Die Kosten- und Gewinnberechnung des Bankiers im Falle des kongruenten Deckungskaufs für diese Vorprämie besteht aus denselben Positionen, wie die Abrechnung an den Kunden aufweist, sein Gewinn ist die Provision von ½‰ vom ausmachenden Betrage im Kauf und Verkauf, das sind 45,40 ℳ + ℳ 46,20 = ℳ 91,60.

Auch bei der Eindeckung durch Kauf von 25 Stück Canada fest per ult. des lauf. Mon. und 25 in einer Stellage zu 218/212 gewinnt er nicht mehr, wenn man von einem mäßigen Zinsgewinn absieht. Man vergleiche folgende Kosten- und Gewinnaufstellung.

---

[1]) Die Stempelsteuer ist hier mit 0,6‰ angesetzt, weil viele Privatbankiers sich daran gewöhnt haben, im Gegensatz zu der gesetzlichen Gebühr von 0,3‰ und dem Satze der Banken von 0,55‰.

Des Bankiers Spesen auf Käufe und Abnahme:

I. Courtagen

Stück 25 Kauf: $\frac{1}{2}$‰ von 10 500	....	ℳ	5,25
„ 25 „ $\frac{1}{2}$‰ „ 10500	....	„	5,25
„ 50 Abnahme von 21 000	....	„	10,50
	Summa:	ℳ	21,—

II a Stempel

Stück 25 Kauf	zu 214 $= \frac{25 \cdot 420 \cdot 214}{100} \cdot 0{,}3$	ℳ	6,90
„ 25 „	„ 218 $= \frac{25 \cdot 420 \cdot 218}{100} \cdot 0{,}3$	„	6,90
„ 50 Abnahme	„ 220 $= \frac{50 \cdot 420 \cdot 220}{100} \cdot 0{,}3$	„	14,10
	Summa	ℳ	27,90

II b Stempel für die Schlußnoten des Prämienkäufers:

$\frac{1}{2}$ Betrag beim Kauf	....	ℳ	13,80
$\frac{1}{2}$ „ „ Verkauf	....	„	14,10
	Summa	ℳ	27,90

Des Bankiers Gewinn bei Glattstellung:

I. Kauf und Abnahme der festen Stücke:

$\left.\begin{matrix} 25 \cdot 420 \cdot 214 \\ 25 \cdot 420 \cdot 220 \end{matrix}\right\} = 6\%$ von 10 500 .... ℳ 630

II. Kauf und Abnahme der Stücke aus der Stellage:

$\left.\begin{matrix} 25 \cdot 420 \cdot 218 \\ 25 \cdot 420 \cdot 220 \end{matrix}\right\} = 2\%$ von 10 500 .... ℳ 210

Sa. ℳ 840

Davon gehen ab laut Spesenrechnung I, II a, II b .... ℳ 76,80
und der an den Kunden gezahlte Gewinn .... ℳ 671,60

ℳ 748,40

Gewinn des Bankiers aus diesem Geschäft ℳ 91,60

Aus dieser Darlegung folgt, daß das Interesse der Banken und Bankgeschäfte nicht auf Prämienabschlüsse hinzielt, der geringe Ertrag lohnt kaum die börsenmäßigen Transaktionen. Auch vom Standpunkte des Kunden aus empfehlen sie nicht den Kauf von Prämien, da dessen Gewinn gleichfalls begrenzt ist und zwar durch die um den Report erhöhte Basis, den Prämiensatz und die Spesen. Für die Prämien haben nur die Kleinkapitalisten ein Interesse, wenn sie mit Leidenschaft erspartes Gut auf eine unsichere Spekulation setzen wollen. Die große Verlustgefahr dieser Kunden zieht das Interesse der Bucketshops an, sie machen darum für die Spekulation in Prämiengeschäften Propaganda und gewinnen durch die Spannung zwischen Basis und Prämienkurs, durch die Prämiensätze und die Spesen.

Wieviel Gewinn die Bucketshops aus derselben Vorprämie erzielen, zeigt folgende Aufstellung. Es ist darin die wahrscheinliche Prolongation und der dafür berechnete halbe Prämiensatz nebst dem halben Stempel unberücksichtigt.

I. Beim Abschluß des Engagements: Prämie	ℳ	420,—
1⁰/₀₀ Courtage vom ausmachenden Betrage ...	„	45,40
0,3⁰/₀₀ Stempel vom ausmachenden Betrage (oder der ganze Betrag ℳ 27,60)	„	13,80
1⁰/₀₀ Provision vom ausmachenden Betrage ...	„	45,40
II. Bei der Glattstellung zum mindesten		
½⁰/₀₀ Courtage vom ausmachenden Betrage ..	„	23,10
0,3⁰/₀₀ Stempel vom ausmachenden Betrage (oder der ganze Betrage ℳ 29,20)	„	14,60
½⁰/₀₀ Provision vom ausmachenden Betrage .	„	23,10
Summa	ℳ	585,40

Infolge der systematischen Unterlassung von börsenmäßigen Gegengeschäften gehören ihnen alle Zahlungen der Prämienkäufer, nur die gesetzlichen Beträge der Stempelsteuer verwenden sie in manchen Geschäften in Marken, um die Täuschung über die Ausführung vollkommen zu machen.

2. Typische Bucketshop-Geschäfte.

Die Ultimogeschäfte fehlen fast ganz im Bucketshopbetrieb. Sie sind zu einfach und gewähren nicht die Möglichkeit der Prämienberechnung, die den Hauptgewinn des Bucketshop ausmacht. Erfahrene Spekulanten haben ihnen aber doch einige solche aufgegeben. Wider Willen mußten sie den Kaufauftrag meistens durch eine Maklerfirma ausführen lassen, sich mit der Provision zufrieden geben und die Stücke liefern. Offenbar kann ihr Interesse nicht dauernd von solchen Kommissionsgeschäften gefesselt werden. Darum informieren sie die Reisenden, nur Prämiengeschäfte zu empfehlen.

Wie sehr die Bucketshops von den Prinzipien eines Kommissionärs abweichen und den Strafbestimmungen des § 95 BörsGes. verfallen, zeigen folgende Fälle.

Ein Kunde, der vertrauensselig dem glaubte, was ein Reisender ihm über den Informationsdienst seines „Instituts" erzählte, schloß am 26. November 1909 folgendes Ultimogeschäft ab: 15 000 ℳ Gelsenkirchener Bergwerksaktien zu 214,80 fest per ult. Dezember am 27. November zu kaufen unter der Bedingung, den Einschuß bis 2. Dezember kreditiert zu erhalten, womit sich der Bucketshop einverstanden erklärte.

Der Bucketshop vollzog der Ausführung nicht auftragsgemäß, sondern gab zunächst per ult. November auf und prolongierte dann sogleich, so daß der Kunde einen Schaden von 323,90 ℳ durch die Spesen hatte. Auf seine Reklamation, daß es ihm gerade darauf ankam, die Spesen zu vermeiden, gab der Bucketshop zurück: „Es war ein Ankauf von Gelsenkirchener am 27. November zum ersten Kurs nicht möglich, da Dezemberkurse erst gegen 1 Uhr notiert werden. Doch machen die Reportkosten bedeutend weniger aus, als die Differenz von 1. und 2. Kurse beträgt..." Diese Auskunft ist wissentlich falsch gegeben, es ist die Ausführung eines Ultimogeschäfts zum ersten Kurse allemal notwendig und möglich.

Ultimogeschäfte kommen im Bucketshopsystem nur vor, wenn es gilt, den Gewinn aus einer Prämie festzulegen. Es wird nach Glattstellung derselben dringend der Ankauf irgendeines Papiers empfohlen, das große Kurssteigerung erlebt hat und, wie anzunehmen, nunmehr kulminiert. Der Abschluß eines Ultimogeschäfts gelingt unter dem an sich richtigen Grunde der Prämienersparnis. Der Bucketshop hat dann aber 30—50% Einschuß zu fordern, so daß damit der Gewinn aus der Prämie für eine neue Frist festgelegt und, so hofft der Gegenspieler, für immer verloren ist.

Die Prämiengeschäfte der Bucketshops erfordern eine Kritik auf Grund einer Auswahl von gerichtlich erwiesenem Material. Zunächst ist auf

A. Die Effekten, die Prämiensätze und Spesen

zu achten.

1. Am 2. Mai 1910. Vorprämie auf 30 000 ℳ Phönix à 219,25% zu $2^7/_8$% per ult. Juli.

Es wurden berechnet:

Prämie $2^7/_8$%		ℳ	862,50
Provision 1‰	von 65,775	„	65,80
Courtage 1‰		„	65,80
Stempel 0,6‰	von 66,000	„	39,60
	Summa	ℳ	1033,70

(Auf der Schlußnote war keine Stempelmarke.)

a) Das Geschäft ist am 6. Juli per ult. September prolongiert worden, wobei berechnet wurden:

Prämie	ℳ	415,—	(300 mal 1,38)
Stempel	„	39,60	(wie oben)
Summa	ℳ	454,60	(es wurden nur für 19,80 ℳ Stempelmarken verwendet).

Der Stempelbetrag zeigt, daß die Prämie auf der ursprünglichen Basis von 219,25 prolongiert wurde; es handelt sich also um keine neue Prämie.

b) Das Geschäft wurde am 27. September glattgestellt zum Kurse von $248^1/_2$, wobei berechnet wurden:

Provision ½‰	von ℳ 74 600	ℳ	37,30
Courtage ½‰		„	37,30
Stempel		„	45,—
	Summa	ℳ	119,60

Auf der Schlußnote wurde ein Stempel nicht verwendet.

2. Geschäft am 2. Mai 1910. Vorprämie auf 30 000 ℳ Gr. Berliner Straßenbahn auf Basis 187,50 per ult. Juli zu $3^1/_8$% Prämie.

Prämie	ℳ	937,50	$3^1/_8$%	von ℳ	30 000
Provision	„	56,25	1‰	„ „	56 250
Courtage	„	56,25	1‰		
Stempel	„	34,20	0,6‰	„ „	57 000
Summa	ℳ	1084,20			

a) Prolongiert am 6. Juli 1910 zu $1^1/_2$% per ult. September auf Basis 187,50, obwohl die Aktien um 4% gefallen waren.

Prämie	ℳ 450	.... 1½ %	von ℳ 30 000
Stempel	„ 34,20	.... 0,6 ‰	„ „ 57 000
Summa	ℳ 484,20		

Verwendet wurden Marken zu ℳ 17,10.

b) Zum zweitenmal prolongiert am 14. September 1910 zu 1¼ % per ult. Oktober auf gleicher Basis wie oben, der höchste Tageskurs war 186¼.

Prämie	ℳ 375,—	.... 1,25 %	von ℳ 30 000
Stempel	„ 34,20	.... 0,6 ‰	„ „ 57 000
Summa	ℳ 409,20		

Es wurden nur für ℳ 17,10 Stempel verwendet.

Eine Glattstellung des Geschäfts erfolgte nicht, da der Bucketshopinhaber verhaftet wurde.

Es folgten den beiden hier angeführten Engagements noch drei andere mit demselben Kunden, der sich als zahlungsfähig erwies und dessen Gewinn aus der ersten Prämie festgehalten werden sollte.

3. Geschäft ℳ 60 000 Deutsche Übersee-Aktien auf Basis 187,60 zu 3¼ %.

4. Geschäft ℳ 45 000 Schuckert-Aktien auf Basis 164¼ zu 3 %.

5. Geschäft 60 000 Dortmunder Union auf Basis 96¾ zu 3¼ %.

Das dritte und vierte Geschäft wurde wie die ersten beiden zweimal prolongiert, so daß wiederum dreimal Prämien gerechnet werden konnten und dreimal Stempel, die nur teilweise verwendet wurden. Die Glattstellung unterblieb aus obigem Grunde.

Es fällt also dem Beurteiler auf, 1. daß der Bucketshop vielfach zur Spekulation in allerersten Börsenpapieren verleitet. 2. Die Prämienbeträge des Bucketshop sind infolge der erzwungenen Prolongation höher als im Bankgeschäfte. Für die obigen fünf Geschäfte wurden im voraus gezahlt:

ℳ	862,50	Phönix
„	415,—	(Prolongation)
„	937,50	Berliner Straßenbahn
„	450,—	(Prolongation)
„	375,—	(Prolongation)
„	1950,—	Deutsche Übersee
ℳ	4990,—	

Transport ℳ	4990,—	
„	900,—	(Prolongation)
„	900,—	(Prolongation)
„	1350,—	Schuckert-Aktien
„	675,—	(Prolongation)
„	675,—	(Prolongation)
„	1950,—	Dortmunder Union
In Summa ℳ	11440,—	

3. Die Prozente der Prämiensätze selbst sind vielfach so niedrig und ohne Verhältnis zu Kurs und Laufzeit, daß ein erfahrener Börsenmann daran den Bucketshop und dessen Nichteindeckung erkennen muß.

4. Es wurden die meisten Prämien früh im Monat prolongiert und dabei der halbe Prämiensatz und Stempel abermals gezahlt.

Die Bucketshops verstehen die für sie charakteristischen Prolongationen der Prämiengeschäfte als neue Engagements auf der gleichen Basis wie die Prämie.

5. Provision und Courtage wurden entgegen dem Börsenbrauch mit 1‰ vom ausmachenden Betrage angesetzt, nur wenn das Papier unter pari stand, wurden sie vom Nominalbetrage gerechnet.

6. Die Stempelgebühr wurde immer vereinnahmt, in den meisten Fällen aber nicht in Marken verwendet oder nur in der Hälfte des Betrages auf den Schlußnoten der Kunden.

Die unsinnige Spekulationswut, die in den Engagements bekundet ist, erklärt sich durch die Täuschung, die die Bucketshops bei den Kunden zu machen wußten, in denen sie die Meinung erweckten, es werde ihnen ein besonderes günstiges Angebot gemacht. Die folgende Prämienserie zeigt, mit welchem Erfolge die Reklame für Prämienschlüsse getrieben wird.

Ein höherer Beamter wurde durch zwei Bucketshopreisende verleitet, in der Zeit vom 24. November 1909 bis 4. Mai 1910 dreizehn Prämiengeschäfte abzuschließen und dafür insgesamt 222 645,85 Mark einzuzahlen. Er hat dagegen keinerlei Gewinnauszahlung von der Firma erhalten.

Die bedeutendsten Prämienabschlüsse waren:

1. Am 24. November 1909:

30 000 ℳ Siemens-Halske, 243,60% per ult. Januar zu 3½% Prämie. Die Glattstellung erfolgte am 7. Januar unter Belastung mit 2,50% Report.

2. Am 24. November 1909:

30 000 ℳ A.-E.-G.-Aktien zu 261,40% per ult. Januar zu 3½% Vorprämie. Die Glattstellung erfolgte am 7. Januar unter Belastung mit 2,50% Report.

3. Am 3. Dezember 1909:

200 000 ℳ Prinz Henri-Aktien zu 134,60% per ult. März zu 3¾% Prämie. Die Glattstellung erfolgte am 7. Januar (Aufgabe des Kunden darüber fehlt). Der Kunde ward mit 271 000 ℳ belastet.

4. Am gleichen Tage:

136 000 ℳ Aktien der Österreichischen Kreditanstalt zu 211,40% per ult. März zu 3⅝% Prämie. Die Prämie ist am 21. Februar, 8. April, 20. Mai, 9. Juli prolongiert worden. Sie wurde dann abandonniert, da der Kurs auf 208¼% gefallen war.

5. Am 15. Dezember 1909:

400 000 ℳ Lombarden zu 23,4% per ult. März, zu 4% Prämie. Die Prämie wurde prolongiert am 21. Februar, 8. April und 15. Juni, darauf abandonniert, da der Kurs gefallen war.

6. Am gleichen Tage:

Über 400 000 ℳ Franzosen zu 159¾% per ult. März zu 4% Prämie. Die Prämie wurde am 21. Februar, 8. April und 15. Juni prolongiert und dann abandonniert.

7. Am 7. Januar 1910:

Über 360 000 ℳ Orientbahn-Aktien zu 132,50% per ult. Februar zu 2½% Prämie. Die Prämie wurde prolongiert am 21. Februar und 8. April. Die Glattstellung erfolgte am 29. April zu einem Kurse von 143,90 ℳ und unter Belastung von 5% Report. Bemerkenswert ist, daß die Glattstellung kurz nach Beginn der Aufwärtsbewegung des Kurses erfolgte, trotzdem die Prämie bis ult. Mai lief. (Steigerung bis 147,70.)

8. Am 25. Februar 1910:

Über 150 000 ℳ Hapag zu 138,90% per ult. April zu 4% Prämie. Die Prämie wurde am 8. April, 20. Mai, 9. Juli prolongiert und dann abandonniert.

9. Am 29. April 1910:

Über 300 000 ℳ Lübeck-Büchener Eisenbahnaktien zu 186¾% per ult. Juli zu 4% Prämie. Die Prämie wurde am 9. Juli prolongiert und dann abandonniert.

10. Am gleichen Tage:

Über 30 000 ℳ Deutsche Bank-Aktien zu 251,40% per ult. Juli zu 4% Prämie. Die Prämie wurde am 9. Juli prolongiert und demnächst zu einem Kurse von 256% glattgestellt.

11. Am 4. Mai 1910:

Über 30 000 ℳ Bochumer Guß zu 239,50% per ult. August zu 4¾% Prämie. Die Prämie wurde abandonniert, da der Kurs auf 234,50% zurückging.

In dieser Serie ist deutlich das System des Bucketshop zu erkennen, nämlich:

1. Gewinne durch verhältnismäßig hohe neue Vorprämien festzulegen (7. Januar);

2. Verringerung des Gewinnes durch Anrechnung hoher Reports bei der Glattstellung (7. Januar);

3. Prolongation des Prämienengagements bis zum Kursfall, der zur Abandonnierung zwingt;

4. Glattstellung wird empfohlen, sobald eine Aufwärtsbewegung des Kurses eintritt (7. Januar).

B. Prämien in ausländischen Minenwerten.

Im Gegensatz zu den Bucketshops, deren Reklame sich größtenteils auf die Spekulationspapiere der Berliner Börse bezog, stehen andere Firmen derselben Art, die für ausländische Unternehmungen und solche Effekten, die nur an ausländischen Börsen gehandelt werden, Prämienengagements anbieten. Auch sie haben zahlreiche leichtsinnige Käufer gefunden, die ihr Kapital in süd- und zentral-afrikanischen Minen-Shares, in französischen Spekulationsobjekten, in rumänischen und galizischen Petroleum-Bohranteilen anlegten und verloren.

Ein Einblick in das System dieser zweiten Gattung von Bucketshops gewährt nachstehender Bericht.

Die Verleitung des Engagements fand durch folgendes Schreiben statt:

„Wir haben bereits in unserm Börsenbericht vom 12. cr. hervorgehoben, daß wir eine äußerst wichtige Nachricht über ein Kolonialpapier erhalten haben, mit dem Bemerken, daß wir diese Information einer gewissenhaften Prüfung unterziehen müßten, bevor wir daran denken würden, das fragliche Papier zu empfehlen. Nun sind wir in der angenehmen Lage, Ihnen dies Papier zu nennen, dessen sofortiger Ankauf Ihnen in wenigen Tagen einen Gewinn von 50—60 Frcs. pro Stück sichern würde. Es handelt sich um Katanga ordinaire, die heute mit etwa (!) 685 Frcs. notiert sind und die zu einem nicht allzu entfernten Zeitpunkt den Kurs von 1250 Frcs. erreichen sollen....."

Dann folgte eine ausführliche Schilderung der Grundlagen der Katanga-Gesellschaft, es wurden Sachverständigenberichte verraten usw., und dann schloß der Berater: „Wir raten Ihnen daher, eine so seltene Gelegenheit, eine erhebliche Summe in wenigen Tagen zu verdienen, nicht vorübergehen zu lassen, und wir hoffen, daß Sie diesen Rat befolgen werden, da Sie sich von der Richtigkeit unserer Nachrichten haben überzeugen können."

Der Sachverständige der Strafkammer stellte fest, daß die scheinbar persönlichen Nachrichten dem Finanzblatt „L'Industrie" vom Jahre 1902 und dem Berichte der Katanga-Gesellschaft vom Jahre 1902 entnommen wurden.

Als der Kunde am 2. April 1904 den Auftrag gab, 20 gewöhnliche Katanga zu kaufen, antwortete der Bucketshop brieflich wie folgt:

„Wir haben Ihr Telegramm vom heutigen Tage erhalten, in dessen Verfolg wir an der heutigen Börse Ihren Auftrag auf Ankauf von 20 gewöhnlichen Katanga-Papieren ausgeführt haben, deren Verzeichnis wir beilegen (20 mal 695,50 Frs.) mit der Bitte, es uns mit Ihrer Unterschrift wieder zugehen zu lassen. Wir sehen der avisierten Deckung entgegen..... Wir werden Ihr Engagement im Auge behalten und Ihnen den für die Realisierung günstigen Augenblick mitteilen."

Es ist festgestellt worden, daß weder am 2. April, noch am 3. und 5. April wegen des Osterfestes 1904 eine Börsenversammlung stattfand. Ferner wird in dem beigelegten Stückeverzeichnis der Kurs zu hoch angegeben, denn er betrug am 2. April 683,75 Frcs. und am 5. April 678 Frcs. (Mittl. Notiz.) Der leichtgläubige Käufer war also damit hintergangen und um 20mal 11,75 = 235 Frs. geschädigt worden (resp. 17,50 mal 20 = 350 Frs.). Die mittlerweile eingesandte Deckung von 600 ℳ war natürlich verloren, die mehrfach verlangten offiziellen Kurszettel erhielt er nicht. Nun wurde er aber auch unruhig und machte Vorwürfe. Darum schrieb der Bucketshop am 3. Mai u. a.:

„Was Ihr bei uns laufendes Engagement in Katanga anbetrifft, so bedauern wir, Ihnen diesbezüglich nichts Erfreuliches mitteilen zu können, und tut dies uns um so mehr leid, als die Papiere inzwischen auf 720 gestiegen waren." Er wußte dem Käufer die Schuld zu geben, daß er keine Vollmacht gegeben hätte usw., und schloß, indem er einen Ergänzungsvorschuß von 600 Frs. verlangte. Der Käufer unternahm es, das Opfer zu bringen und günstigere Kurse abzuwarten.

Gleichzeitig empfahl der Bucketshop neue Werte, Thy-le-Château, „die auf eine sichere Hausse" rechnen könnten.

Der in Verlust geratene Käufer fügte sich dem brieflichen Drängen der Firma unter Aufrechterhaltung seines Katanga-Engagements, einen Versuch mit Thy-le-Château zu machen, und kaufte 25 Aktien. Es wurde ihm am 9. Mai geantwortet, daß diese Order „an der heutigen Börse zum Kurse von 596 Frs. ausgeführt wäre".

Der Kurszettel hätte dem Spekulanten gezeigt, daß der mittlere Börsenkurs in Thy-le-Château am 9. Mai 569, 50 Frs. betrug und seine Schädigung 25mal 26,50 = 662,50 Frs. ausmachte. Er erhielt eine Postkarte mit den Kursen vom 10. Mai, nämlich „Katanga 652 Frs., Thy-le-Château 606 Frs." Beide Kurse sind als falsch erwiesen worden, die mittleren Werte waren 648,75 und 569,50 Frs. Der Käufer aber war jetzt in dem Glauben an eine Hausse und zahlte die verlangte Deckung von 1000 Frs. am 11. Mai.

Am 19. Mai telegraphierte der Bucketshop: „Sehr schwache Tendenz, Katanga 650, Chateau 540. Bitte Zusatz 1000 Frs. zu senden." Ein Brief suchte den Kurssturz zu erklären, man riet dem Kunden, die Baisse auszunutzen und für denselben Betrag zu kaufen, damit der mittlere Kaufpreis der alten und neuen Aktien im Durchschnitt geringer würde, und schneller Gewinn möglich wäre. Am 21. Mai wurde die Ergänzungsdeckung gefordert mit der Begründung, daß die Thy-le-Château auf 535 gesunken wären. Nach der Börsennotiz standen sie aber auf 550. Hier erforderte es also die Gewinnsucht des Bucketshop, den Kurs nach unten zu fälschen. Der betrogene Deutsche wahrte in der Tat noch Vertrauen und gab den Auftrag, 25 neue Thy-le-Château zu kaufen, und schickte neue Deckung im Betrage von 3000 Frs. — Als endlich Anklage erhoben wurde, unterzog sich der Sachverständige der Strafkammer der Mühe, die offiziellen Kurse und Spesen anzusetzen, sowie die Umrechnung der deutschen Schuldverschreibungen und Aktien richtig vorzunehmen; da ergab sich ein Guthaben des Geschädigten von 1737,50 Frs., dessen ganzer Verlust sich danach mit den hinterlegten Effekten ohne die dafür schuldigen Zinsen auf 5586,40 Frs. belief.

C. Prämien in Effekten mit geringer Kursschwankung.

Typisch für das Bucketshopgeschäft ist es ferner, die Spekulation auf Werte hinzuleiten, die ohne Chance sind für Gewinne aus Prämiengeschäften. Ein Bucketshop gab eine Vorprämie am 22. Oktober 1909:

15 000 ℳ Lübeck-Büchener Eisenbahnaktien auf Basis 183,10 + 2% Report zu 4% per ult. Dezember. Es wurden berechnet:

Prämie: 4% : 15 000	ℳ	600,—
Provision: 1‰ : 27 465	„	27,50
Courtage: 1‰ : 27 465	„	27,50
	Sa. ℳ	655,—

Stempel 28 000, à 0,60‰.......16,80 ℳ, wovon 8,40 ℳ verwendet wurden.

Die Prämie ward abandonniert, wie es der Bucketshop im voraus wußte, da eine Spannung von 6% nicht überstiegen werden konnte, bei Aktien, die seit 1907 stagnierten und über das Maximum von 188,75 im September 1909 bis Ende 1910 nicht hinauskamen.

Trotzdem der Kunde nur unter dem Drucke des Bucketshop und seines Rechtsanwalts mit Mühe in Raten die schuldige Prämie zahlte und in Briefen bittere Vorwürfe machte über den Vertreter, der ihm große Hoffnungen gerade in diesem Papier gemacht habe, von dem er nun erfahre, daß es schon seit Monaten bei der Börse ohne Leben sei, erhielt er im Dezember erneute Animierungen in Lübeck-Büchener unter dem Hinweis, daß sicherem Vernehmen nach eine Steigerung eintreten werde (Kursfall von 187 auf 184).

D. Der Bucketshop als „Finanzierungsinstitut".

Als Kreditinstitut der seltsamsten Art hatte sich ein Bucketshop auch das Epithon „Finanzierungs-Institut" zur Empfehlung beigelegt. Als solches gab er vor, „sichere Kapitalanlagen" zu vermitteln und neue Unternehmungen zu gründen. Diese „Placierungen" von Kapital dienen demselben Zweck wie die Prämiengeschäfte, sie gewähren zinslos langen Kredit. Dafür ein Beispiel:

Eine Offiziersgattin war durch sieben Prämiengeschäfte reichlich geschädigt und beklagte sich darüber beim Bucketshop. Dieser bot ihr nunmehr seinen Rat an, den Vermögensrest, der in Deutscher Reichsanleihe, Preußischen Consols, Hamburgischen Hypotheken-Pfandbriefen usw. bestand, in einem „sicheren Anlagepapier" anzulegen. Der Bucketshop übernahm den Kauf von „Glückauf-Flöha-Anteilen" und teilte der Dame mit, diese seien „sichere Bergwerkspapiere mit hohen Dividenden". — Später bemerkte die Inhaberin, daß die Effekten keine Zinsscheine hatten, und reklamierte diese beim Bucketshop. Sie erhielt darauf den Besuch des angeblichen Besitzers des Bergwerks, der ihr erklärte, das Bergwerk sei zwar „noch nicht in Angriff genommen", habe aber die besten Aussichten, die Glückauf-Flöha-Anteile würden in kürzester Zeit auf 1000% stehen. Die Dame muß durch diese Auskunft völlig zufriedengestellt gewesen sein, sie ließ sich verleiten, noch 5 Anteile zu je 300 ℳ zu erwerben. — Erst nach geraumer Zeit wurde sie gewahr, was für wertlose Papiere sie gekauft hatte.

Die Strafkammer erkannte in diesen und ähnlichen Fällen alle Tatbestandsmerkmale des Betrugs und der Ratserteilung wider besseres Wissen und urteilte demgemäß.

3. Die Nichtausführung der Geschäfte.

Nachdem gezeigt worden ist, welche Gattung der Börsentermingeschäfte am häufigsten im Bucketshop-Geschäfte zur Anwendung gelangt, ist nun zu prüfen, welche handelsrechtliche Position der Bucketshop bei der Ausführung dieser Geschäfte einnimmt. Es ist hier der Kernpunkt der ganzen Bucketshop-Frage. Es ist die Stellungnahme des reinen Kommissionärs und die des selbsteintretenden Kommissionärs, auch Selbstkontrahenten genannt, von der des Eigenhändlers zu unterscheiden.

Um diese drei Vertragsformen übersichtlich aufzuzeigen, sind ihre Rechten und Pflichten in folgende Tabelle eingetragen. Gegenüber dem Kommissionär und dem Selbstkontrahenten ist der Eigenhändler mit Vorrechten und Beschränkungen ausgestattet. Der Selbstkontrahent ist der bevorrechtigte Kommissionär.

	Der Kommissionär	Der Selbstkontrahent	Der Eigenhändler
a) Definition	§ 383 HGB.	§ 400 HGB.	§ 1 HGB.
b) Gesetzesbestimmungen über Pflichten und Rechte	§§ 384—399 HGB.	§§ 401—406 HGB.	§ 347 HGB. (Sorgfalt) § 242 BGB. (Leistungserfüllung) § 276 BGB. (Vorsatz- u. Fahrlässigkeit) § 826 BGB. (Schadenersatz)
Strafbestimmungen	Depotgesetz § 95 Börsengesetz (Untreue)	Depotgesetz § 95 Börsengesetz (Untreue)	Depotgesetz § 94 Börsengesetz (Verleitung)
Geltungsbereich	Bankier gilt stillschweigend als Kommissionär	Besondere Erklärung notwendig	Besondere Erklärung notwendig

	Der Kommissionär	Der Selbstkontrahent	Der Eigenhändler
c) Pflichten	Interesse des Kommittenten zu wahren,	desgl.	desgl.
	den Weisungen des Kunden zu folgen,	—	—
	Rechenschaft abzulegen.	—	—
	Persönliche Haftung für Rat	desgl.	desgl. (§ 347 HGB.). Keine verantwortliche Ratserteilung außer Arglist
d) Preis	Als Preis versteht sich der amtliche Kurs zur Zeit der nicht verzögerten Ausführung	desgl.	Freie Preisgestaltung
e) Ausführung der Aufträge	1. Kongruentes Deckungsgeschäft,	desgl.	desgl.
	2. Kompensation gleich großer, aber entgegengesetzter Aufträge (Käufe gegen Verkäufe),	desgl.	desgl.
	3. Deckung aus schwebenden Engagements für eigene Rechnung oder aus Effektenbeständen (eigentliches In-sich-Geschäft)	desgl.	desgl.
f) Verdienst	1‰ Provision vom ausmachenden Betrage	1‰ Provision vom ausmachenden Betrage.	Nach Vereinbarung, oder in den Kaufpreis eingeschlossen. (Nettoaufgabe).
g) Geschäfte	Kassa-, Ultimo-, Prämiengeschäfte in amtlich notierten und nicht amtlich notierten Werken	desgl., aber beschränkt auf amtlich notierte Werte (Erweiterung auf amtlich nicht notierte Werte durch Vereinbarung)	Keine Prämien; Handel in nicht amtlich notierten Werten
h) Spesen	Courtage und Stempel	desgl.	Keine Börsenspesen.

Es ist nun zu entscheiden, wie sich der Bucketshop zu diesen Pflichten und Grenzen verhält. Er sagt in seinen Geschäftsbedingungen: „Die Firma schließt alle Geschäfte durch eigene Übernahme, bezw. Überlassung der Wertpapiere ab. Bei Ausführung übernommener Aufträge tritt die Firma als Selbstkontrahent ein, ohne daß es einer ausdrücklichen Erklärung darüber bedarf. Die Auftraggeber verzichten also auf die Abgabe dieser Erklärung. Aufträge mit festgesetzten Limiten faßt die Firma nicht als solche, sondern nur als Anstellungen oder Gebote auf und steht es derselben frei, — ohne verpflichtet zu sein — solche zu akzeptieren." (Geschäftsbedingungen Seite 13.)

Nach diesen Angaben seines Programms ist der Bucketshop also im ganzen Umfange der von ihm übernommenen Geschäfte Selbstkontrahent und stellt seine Kommissionstätigkeit unter die §§ 400—406 des HGB. und § 95 des Börsengesetzes.

Sehen wir nun den Abschluß und die Ausführung seiner Prämiengeschäfte daraufhin an. Er stellt Prämien in amtlich notierten und amtlich nicht notierten Werten an. Er verkauft die Prämien zu einem willkürlich festen, bestimmten Satze, nimmt als Basis einen Kurs, der nur ungefähr mit der Notiz übereinstimmt. Das Prämiengeld erscheint in vielen Fällen zu niedrig für eine Ausführung an der Börse. Der Basiskurs ist im voraus oder nachträglich vom Bucketshop selbst festgestellt und meistens höher, als der amtlich notierte Kurs. Die Courtage berechnet er nicht nach Börsenusance, sondern nach seinen eigenen Prinzipien zu 1‰ vom ausmachenden Betrage. Irgendwelche Beschränkungen der Preisanstellungen erkennt er nicht an.

Das sind Kaufbedingungen, die die Verantwortlichkeit des selbsteintretenden Kommissionärs nicht zur Voraussetzung haben. Es handelt sich hier nicht um einen Kauf und Verkauf „in Waren oder Wertpapieren für Rechnung eines anderen im eigenen Namen" nach § 406 HGB., nicht um Übernahme und Erfüllung einer Kommission durch Selbsteintritt nach der Begriffsbestimmung des § 400 HHB., überhaupt um kein Kommissionsgeschäft, sondern um Reklame und Verkauf auf eigenen Namen und eigene Rechnung. Hier handelt also nicht der Selbstkontrahent, sondern der Eigenhändler. Entgegen dem Wortlaut seiner Geschäftsbedingungen setzt der Bucketshop die Pflichten eines selbsteintretenden Kommissionärs, nämlich „dem Kommittenten keinen ungünstigeren Preis, als den amtlich festgestellten in Rechnung zu stellen", beiseite und verfährt nach den Gewohnheiten der freien Preisbestimmung, wie sie dem

Eigenhändler zusteht. Um aber in dem zu gewinnenden Kunden den an sich klaren Begriff des Eigenhändlers nicht aufkommen zu lassen und ihn danach vorsichtiger und etwa bedenklich zu machen, versteckt er seinen Geschäftsgrundsatz hinter dem fernerliegenden Begriffe des Selbstkontrahenten. — Den rechtlichen Voraussetzungen nach bleibt also das Prämiengeschäft des Bucketshop Eigenhandel, fällt also nicht unter §§ 400—406 HGB. und § 95 Börsengesetzes.

Der Begriff „Eigenhandel" ist dem Bankwesen nicht fremd. Der Eigenhandel an sich ist nicht etwa ein Merkmal des Bucketshop. Aber in Kombination mit Ratserteilung an die Kunden und Mittellosigkeit zur Ausführung ist er ein Merkmal desselben.

Neander Müller macht in seiner Replik auf den Artikel des Staatsanwaltschaftsrats Dr. Gysae mit Nachdruck in seiner Eigenschaft als Börsendisponent darauf aufmerksam, daß „das Bankgeschäft zwar zum weitaus größten Teil Kommissionsgeschäft für Rechnung eines Dritten, zum immerhin nicht unwesentlichen Teile aber Eigenhandel ist! Dies wird ausdrücklich zu betonen gut sein, denn sonst bestände leicht die gefährliche Möglichkeit, gerade manchen kapitalkräftigsten und angesehensten Bankier, wenn er kein Kunden- und Kommissionsgeschäft betreibt, sondern nur für eigene Rechnung echte, reguläre Bankgeschäfte an der Börse macht, mit dem Stigma des Scheinbankiers zu belegen." („Bankarchiv" vom 15. Mai 1913.)

Wir finden hier die Beziehung eines großen Bankhauses und seiner Millionen zur Börse aufgezeigt. Das ist Eigenhandel. Dieser Eigenhandel ist dem Bucketshop ganz unbekannt!

Aber es gibt noch einen anderen. Das ist der Eigenhandel des Bankhauses mit seinen Kunden. Diese Geschäfte sind Handel mit an der Börse nicht amtlich notierten Werten, Kuxen, Kolonialpapieren usw., für die also ein Selbsteintritt des Kommissionärs des Selbstkontrahenten nach §§ 400—406 HGB. nicht in Frage kommt. Indem der Bankier dem Kunden erklärt, daß er das Geschäft als Eigenhändler macht, schließt er obige Bestimmungen des HGB. aus und nimmt die Position des freien Kaufmanns ein, der unabhängig ist von Börsennotiz und Kommissionärpflicht (Rechenschaft, Sorgfalt). Eine Beschränkung der Willkür ist allerdings in § 347 HGB. gegeben [1]).

[1]) Die Usancen für den Handel in amtlich nicht notierten Werten sind am 1. Januar 1913 durch den Zentralverband d. d. B. u. B. veröffentlicht. Dazu als Ergänzung und Erläuterung: Bernsteins Abhandlung in der Denkschrift für Rießer, Berlin 1913: Das Recht der amtlich nicht notierten Werte.

Natürlich ist die Erklärung, als Eigenhändler zu verkaufen, eine Aufhebung des zwischen Kommissionär und Kommittenten herrschenden Vertrags- und Vertrauensverhältnisses, ein direkter Wink für den Kunden, auf seiner Hut zu sein. Solchen Wink zu geben, liegt jedoch nicht im Interesse des Bucketshop. Er verschweigt darum den Umstand ganz und umhüllt ihn zum Zwecke der Täuschung über seine Geschäftsführung.

Daß es ferner der Bankier nicht unternimmt, als Eigenhändler Prämiengeschäfte zu machen, charakterisiert den Bucketshop als nicht zu den Banken und Bankgeschäften gehörig. Er ist nicht bloß ein Outsider der Börse, sondern auch ein Outlaw des Bankier- und Kaufmannstandes.

Welches sind nun die rechtlichen und strafprozessualen Folgen des Eigenhandels in Hinsicht auf den Bucketshop? In bezug auf die Prämiengeschäfte scheiden bei deren Abschluß in der Weise des Bucketshop die Kommissons- und Selbsteintrittsparagraphen aus, weil eben die Geschäfte der Form nach nicht mehr der Kommission genügen. Und daraus folgert weiter die Ausschaltung des § 95 BörsGes.; wo kein Kommissionär ist, da ist auch keine Kommissionäruntreue. Auch in den Fällen, denen als Basiskurs der Anfangskurs am Ausführungstage rechnerisch zugrunde lag, der also bei Abschluß der Prämie noch unbestimmt war, kann die Prämie des Bucketshop nicht als Kommissionsgeschäft gelten, da das festbestimmte Prämiengeld den Kaufpreis ausmacht. In den weitaus meisten Fällen setzte der Bucketshop einen willkürlichen Kurs ein, das zeigen die zahlreichen Reklamationen nach Empfang des Schlußscheines, sowie die darauffolgenden Prozesse.

Das Verschweigen des Eigenhandels und die Vorspiegelung der Kommissionäreigenschaft ist ein Täuschungsmoment und fällt als solches mit unter die Strafandrohung des § 94 BörsGes., aber die Anwendung des § 95 BörsGes. der die Kommissionäruntreue selbst bedroht, kann aus den genannten formellen Gründen nicht statthaben. In Hinsicht auf die Ratgeberschaft bei der Animierung hat jedoch das Reichsgericht (Entscheidungen Bd. 42, S. 125) den Vorwurf der Untreue zivilrechtlich insofern gegen den Eigenhändler geltend angenommen, als die §§ 823 und 826 BGB. (gute Sitten) verletzt sind, und daraus Schadensersatzanspruch entsteht. Strafrechtlich ist aber der Eigenhandel nur als Betrug nach § 263 StGB. zu verfolgen, und zwar nur dann, wenn er systematisch, im Bewußtsein der Unfähigkeit zu erfüllen, geübt wird.

Die Position des Bucketshop in Kassa- und Ultimogeschäften ist eine andere. Hierin tritt er tatsächlich als Selbstkontrahent auf. Da aber die Zahl der Kassa- und Ultimogeschäfte nur eine geringe Anzahl unter Tausenden von Prämiengeschäften ausmacht, so können diese Geschäfte in der Charakteristik der Bucketshops wenig zur Geltung kommen. In strafrechtlicher Beziehung sind sie dagegen sehr wichtig, da auf sie die Voraussetzungen des § 95 BörsGes. und § 400 HGB. zutreffen.

Die Technik der Bucketshops steht lediglich in der Eintragung der Abschlüsse in das Hauptbuch. Sie sind entweder nicht zum Börsenhandel zugelassen oder gehen nur für einen Bruchteil der Prämien Deckungsgeschäfte ein, so daß es fast zweifelhaft sein könnte, ob überhaupt Börsengeschäfte in Bucketshops geschlossen werden. Ein Urteil des Kammergerichts hat in einer Zivilklage entschieden, daß es sich bei den Geschäften des Bucketshop um wirkliche Börsenspekulationen handelt, und das Reichsgericht hat das Urteil bestätigt. Juristisch ist es in diesem Falle nicht entscheidend, ob das Geschäft zur Erfüllung kam, wichtig ist nur, daß es als Kommissionsauftrag übernommen wurde. In dieser Beziehung verstößt der Bucketshop gegen die Pflichten des selbsteintretenden Komissionärs nach §§ 400—406 HGB. und § 95 BörsGes. Er schädigt das Vermögen seiner Kommittenten dadurch, daß er in den abschließenden Geschäften falschen Rat gibt. In seinen Animierungen und Reisendenbesuchen gibt er den Kunden nicht bloß leere Mutmaßungen für sichere Tatsachen, sondern erteilt auch Rat wider besseres Wissen. Dann schädigt er das Vermögen der Kunden durch wissentlich falsche Kurse und wählt die für die Kunden ungünstigen Termine zur Glattstellung. Diese Handlungsweise verträgt sich nicht mit der Sorgfalt eines Kommissionärs, er setzt seinen Zweck: viel und leicht Geld zu verdienen, an die Stelle des berechtigten Interesses seiner Kommittenten, die durch ihre Leistung Anrecht auf ordnungsmäßige Ausführung ihrer Spekulationsgeschäfte an der Börse haben.

Es ist nun die Frage, welche Möglichkeiten stehen dem Bucketshop zur Ausführung der Börsengeschäfte seiner Kunden zur Verfügung und welche Art gebraucht er?

Wie aus der Tabelle am Anfang dieses Kapitels hervorgeht, sind die drei Modi:

1. Kongruenter Kauf oder Verkauf unmittelbar nach dem Auftrage (eigenes Deckungsgeschäft);
2. Kompensation des Auftrages mit einem Gegenauftrag;
3. Deckung aus eigenen schwebenden kongruenten oder inkongruenten

Engagements schon vorhandener oder zu erwerbender Bestände (das In-sich-Geschäft).

Das Bucketshop-System kann Kompensation oder In-sich-Geschäft anwenden, zum Deckungsgeschäft fehlen alle Voraussetzungen und redlichen Absichten. Die Kompensation wird tatsächlich angewendet, da aber nur wenige wirkliche Käufe und Verkäufe getätigt werden, und auch Rückprämien fast nicht vorkommen, ist das System ganz auf das In-sich-Geschäft angelegt.

Diese Geschäftsform ist sowohl dem Kommissionär, wie dem Eigenhändler zur Hand. Sie ist aus dem Großbetrieb der Bank entlehnt, aber erst im Bucketshop-Unwesen zum Betrug geworden. In der Bank ist es eine erlaubte, oft sogar wirtschaftlich notwendige Ausführung der Aufträge. Es liegt nicht im Wesen der Bank, lediglich Vermittlungsgeschäfte auszuführen, ein Teil ihres Kapitals dient dem Effektenkauf für eigene Rechnung; sie treibt eigenen Börsenhandel, Eigenhandel. Nun ist es klar, daß sie diese und jene Effekten bei ungünstigem Kursstande abstoßen muß. Laufen bei ihr dann Kaufaufträge für ultimo ein, oder benutzt sie die Gelegenheit, am Kassemarkt einen Posten hineinzugeben, so bleibt sie damit völlig im Rahmen ihrer Bestimmung und auf dem Boden ehrlichen Effektenhandels. Sie wird ein Ultimoengagement entweder aus eigenen Beständen decken, oder jene in schwebenden Verbindlichkeiten aufgehen lassen können. Sie hat nicht die Pflicht als Kommissionär, eine dem einlaufenden Auftrage kongruente Deckung an der Börse vorzunehmen, da sie zweifellos in der Lage ist, durch Kompensation oder In-sich-Geschäft zu erfüllen. Sie erklärt die Übernahme des Kundenauftrages durch Selbsteintritt, sei es im allgemeinen in den Geschäftsbedingungen, sei es für den Fall besonders. In-sich-Ausführung findet häufig statt in den Geschäften zwischen einer Großbank und der Provinzbank, die die Aufträge ihrer Kunden an die Bank am Börsenplatz weitergibt. Es kommen auch Fälle vor, daß die Großbank in direkter Beziehung zum auswärtigen Kunden steht und dessen größeren Auftrag nur zum Teil an der Börse ausführt, zum Teil in-sich-macht, bis sie sich günstig an einem späteren Tage eindecken kann. (Vgl. Neander Müller a. a. O.)

Dennoch wird im Bankgeschäft programmatisch daran festgehalten, für jeden einzelnen Auftrag entsprechende Deckung zu haben, trotz des Eigenkapitals von Millionen, trotz der hohen eigenen Effektenbestände. Insonderheit gilt als Regel, keine Prämie ohne eine spezielle Deckung zu lassen.

Der Bucketshop baut aber sein System auf dem systematischen In-sich-Geschäft auf.

Natürlich stützt er sich auf das Vorgehen der Banken. Es ist ihm aber entgegenzuhalten, daß Kapitalkraft, Vorrat an Wertpapieren und eine Fülle von Börsenengagements auf eigene Rechnung und eigenen Namen die Voraussetzung dazu sind. Von alledem ist aber nichts bei ihm vorhanden. Es gibt in Hinsicht auf die Geschäftsgrundlage keinen krasseren Gegensatz als Bank und Bucketshop. Der Bucketshop steht zur Bank noch nicht in demselben Verhältnis, wie der Krämer im Erdgeschoß zu Wertheims Warenhaus. Die Prozesse haben bewiesen, daß wochenlang keine 100 ℳ bar in der Kasse waren, Pfändungen keine Wertsachen vorfanden und fremde Depots zur Beschaffung von Geldmitteln dienen mußten.

In der Anwendung des In-sich-Geschäfts geht der Bucketshop so weit, daß er diesen gefährlichen Weg ausschließlich wählt. Was in der Bank eine seltene Erscheinung ist, beim Bankier nur in Ultimogeschäften vorkommt, das macht der Bucketshop zur Gewohnheit in Prämiengeschäften. Da zunächst die Voraussetzungen der Bank bei ihm fehlen, verbietet sich diese Art der Übernahme überhaupt, sie aber zur Gewohnheit werden zu lassen, ist Betrug, strafbar nach § 263 StGB.

Die Prämiengeschäfte sind nicht geeignet, durch In-sich-Geschäfte gedeckt zu werden. Es ist dies ein Grundsatz der Lauterkeit der Geschäftsführung. Wenn der Bankier einer à la hausse-Spekulation des Kunden seine eigenen Bestände entgegensetzt, sich nicht für jedes einzelne Prämiengeschäft eindeckt, muß sein Interesse in Hinsicht auf die Bewegung der Kurse, die Glattstellung und Gewinnauszahlung dem des Kunden entgegengesetzt sein. Er müßte auf eine 500 ℳ betragende Prämie 1000—1200 ℳ Gewinn auszahlen, wenn die Kursbewegung für den Kunden günstig verliefe. Der à la hausse Spekulierende ist nicht immer im Irrtum, mehr als die Hälfte seiner Spekulationen sind richtig angelegt. Es liegt im Wesen der Spekulation, zu allererst auf Steigen der Kurse gerichtet zu sein. Sie wird daher nur in solchen Perioden lebhaft, wenn die allgemeine Marktlage günstig, der politische Himmel ruhig ist, und die Geschäftswelt einer Hochkonjunktur zusteuert. Dann nimmt die Anzahl der Spekulationsgeschäfte zu. („Plutus“ und „Bank“ im August und September 1909.) Die Statistik der Prämiengeschäfte der Bucketshops tritt selbst als Beweis dafür ein, der Sommer und Herbst 1909 brachte ihnen die meisten Kunden. Diese waren aber auch ihr Unglück, denn nur durch Aufgabe falscher

Kurse, Berechnung hoher Spesen und Prolongationen gelang es ihnen, die Gewinne zu beschneiden, die durch die Kurssteigerung in den meisten Industriepapieren den Spekulanten zufielen und von ihnen zu bezahlen waren. Ihr Interesse mußte darum dem der Kunden entgegengesetzt sein, sie wurde zu ihren Gegenspielern, der Contrepartie.

Weil der Bankier nicht Gegenspieler sein will, schließt er für jedes Prämienengagement ein kongruentes Deckungsgeschäft ab!

Der Bucketshop kann so nicht verfahren. Bei seiner Wesenseigenheit hat er nicht die Absicht, die Aufträge seiner Opfer zur Ausführung zu bringen. Er will durch allerlei Manöver den Verlust derselben herbeiführen, seine Absicht ist gerade auf Betrug gerichtet. Die Prämie, die ihm gezahlt wird, soll sein Gewinn sein, er selbst ist der Gegenkontrahent, er will das Geschäft in-sich-machen und es nicht an die Börse bringen. Er will der Leistung des Kunden systematisch keine Gegenleistung gegenüberstellen.

Das In-sich-Geschäft ist keine erlaubte Ausführungsmöglichkeit im Prämienhandel, weil es den Prämienverkäufer zum Gegenspieler des Kunden macht. Es kann dem Kunden nicht gleichgültig sein, wer seine Prämie einsteckt, er hofft auf Gewinn, er muß also auch voraussetzen, daß sein Auftrag in einer Form zur Ausführung kommt, aus der er durch Kauf und Verkauf von Effekten den Gewinn realisieren kann. Doch da könnte vom Bucketshop eingewendet werden, es ist auch gleichgültig für den Kunden, wer ihm den Gewinn zahlt, gleichgültig ob der Betrag aus einem Deckungsgeschäft herausgelöst wird, oder von der Firma, bei der er spekuliert, selbst bezahlt wird. Das ist nicht möglich. Um alle die Gewinne aus den Differenzen der Basiskurse mit den Glattstellungskursen begleichen zu können, wäre bei ehrlicher Abwicklung ein unermeßliches Vermögen nötig. Wenn das Gegenspiel den Prinzipien des Großbankiers nicht zuwider wäre, dann müßte er aus dem Grunde der Erschöpflichkeit, auch des größten Kapitals, die Contrepartie ablehnen. Nun aber hat der Bucketshop kein Betriebskapital; darum ist seinerseits das Gegenspiel systematischer Betrug der Kunden. Eine andere Möglichkeit gibt es noch für den Bucketshop, als Gegenspieler sich schadlos zu halten. Er könnte seine Kunden untereinander zu Gegenkontrahenten machen. Dieser Modus ist in der Praxis der Bucketshops in der Tat viel geübt worden. Sie ließen ihre Kunden in demselben Papier paarweise gegeneinander spekulieren. Dem A. sagten sie: „Ich habe Meinung für

Gelsenkirchener; sicherer Information nach, werden sie in nächster Woche 10% steigen.“ Dem Kunden wird nach vielem Hin- und Herreden eine Vorprämie 30 000 ℳ Gelsenkirchener je 173/2 Vorprämie ult. Juli gegeben. Kaum hat A. den Laden verlassen, wird B. bearbeitet: „Wir hören, die Gelsenkirchener sollen fallen, verkaufen Sie jetzt, sie können die Ware in 8 Tagen viel billiger eindecken.“ Der Kunde glaubt's nicht leicht, das Geschäft wir daber doch gemacht, B. verkauft blanco 30 000 ℳ Gelsenkirchener je 173/2 Rückprämie ult. Juli. Jetzt kann der Bucketshop ruhig zusehen, wie die Kurse sich entwickeln, der Schaden des A. bezahlt den Gewinn des B. oder umgekehrt. — Zu solchen Geschäften gehört eine Gewissenlosigkeit, wie sie nur den Bucketshop auszeichnet, sie unterscheidet ihn vom Bankier.

Diese Gewissenlosigkeit führt zu der Unvereinbarkeit von In-sich-Geschäft und Animierung zu Prämiengeschäften. So unmöglich diese zwei im Bankgeschäft sind, so selbstverständlich sind sie für den Bucketshop. Sie sind charakteristische Indizien für eine Verleitung durch Rat wider besseres Wissen und Vortäuschung von sicheren Informationen bei leeren Mutmaßungen zu Geschäften, die er nur vortäuscht, aber nicht ausgeführt werden. Diese beiden Tatbestandsmerkmale genügen zwar nicht, den Eigenhändler dem Schuldig der Kommissionäruntreue nach § 95 BörsGes. zu unterwerfen, sie können aber als Vorspiegelung falscher Tatsachen und bewußte Täuschung erkannt werden und ihn der Strafe wegen Betrugs nach § 263 StGB. überantworten. Außerdem ist in der Rechtsprechung des Reichsgerichts zur Bekämpfung des Bucketshop-Systems die Pflicht gewissenhafter Sorgfalt, wie sie § 384 für den Kommissionär im allgemeinen und § 401 für den Selbstkontrahenten im besonderen festlegt, auch auf den Eigenhändler ausgedehnt worden; indem sich jemand als Bankier bezeichnet, übernimmt er die Pflichten, die für diesen Beruf im Bewußtsein des Volkes notwendig sind, die Pflichten eines Vertrauensmannes in Bank- und Börsengeschäften. „Wirtschaftlich bleibt der Bankier immer Kommissionär.“ Er ist bei Verfehlungen durch arglistigen Rat und arglistige Ausführung eines Auftrages zum Nachteil des Kunden dem Strafrichter verantwortlich und auch im Zivilprozeß zur Haftung aus Eigenhandel und „In-sich-Geschäft“ verpflichtet.

In Summa sind Eigenhandel und In-sich-Geschäft im Bucketshop gleich Nichtausführung, weil die Voraussetzungen großen „unerschöpflichen“ Kapitals und reichen Effektenbestandes fehlen.

Zusammenfassend ist zu sagen: beide, Eigenhandel als

Position und In-sich-Geschäft als Ausführungsmodus sind für das Prämiengeschäft ungeeignet und werden im reellen Bankgeschäft nicht angewendet.

Zur Übersicht der Merkmale des Bucketshop-Systems und der darauf bezüglichen Gesetzesbestimmungen diene folgende Tabelle.

Geschäfte	Position	Ausführung	BGB.	HGB.	BörsGes.	StrGB.
Kassa-geschäfte.	Selbst-kontrahent	In-sich-Geschäft, storniert	—	§§ 400 bis 406	§ 95	—
Ultimo-geschäfte.	Selbst-kontrahent	Deckung durch Maklerfirma	—	§§ 400 bis 406	§ 95	—
Prämien-geschäfte.	Eigen-händler	Täuschung, Gegenspieler, In-sich-Geschäft	§ 242 § 276 § 826	§ 347	§ 94	§ 263

§ 95 BörsGes., der „die unlautern Geschäftsformen im Bankiergewerbe" treffen sollte, steht nur auf dem Papier. Er ist unanwendbar, weil in ihm zum ersten und letzten Male im Börsengesetz nur auf den Kommissionär Bezug genommen wird. Auf diesem Umstande beruht wahrscheinlich die Auffassung mancher Rechtsanwälte, daß der Bucketshop nicht strafbar sei.

Zur Antwort auf die Frage: Was ist strafbar in den Börsengeschäften des Bucketshop? kann man sagen: außer der Verleitung zu Spekulationsgeschäften ist verwerflich und strafbar das systematische In-sich-Geschäft, das in Verbindung mit der Mittellosigkeit die Absicht erweist, sich „rechtswidrige Vermögensvorteile" zu verschaffen. Als Beweis außer den Indizien gilt das Zeugnis der Geschädigten: „Wenn ich gewußt hätte, daß der Angeklagte keine Informationen hatte und meinen Auftrag an der Börse nicht ausführte, sondern ihn in-sich-machte und mein Gegenspieler war, dann hätte ich die Prämie nicht bezahlt."

4. Systematische Schädigungen der Kunden.

A. Aufgabe von zu hohen Basis- und zu niedrigen Glattstellungskursen.

Eins der Indizien, worauf die Sachverständigen in den Bucketshop-Prozessen mit Nachdruck hinweisen, ist der niedrige Prämiensatz. Es liegt darin ein Täuschungsmoment und Mittel zum Kundenfang. Vergleichsweise mit den Prämien der Banken weist der Bucketshop darauf hin, wie billig er ihm die Chance des großen Gewinnes eröffnet, viel billiger, als die Großbanken: ½% weniger auf 30 000 M = 150 M; manchmal 1% = 300 M. Der Kunde glaubt den vielen Worten und traut der sicheren Information und kauft vom Bucketshop statt von der Bank. Hernach sieht er die Übervorteilung: die Prämie ist ihm ½% billiger offeriert worden, aber der Basiskurs ist der höchste Tageskurs und mehr.

Während der niedrige Prämiensatz durch den hohen Ankaufskurs ausgeglichen wird, sucht der Bucketshop etwaigen Gewinn durch Beschneiden der Verkaufskurses nach unten zu verringern. Auf Reklamation antwortet er: „Wir wollen Ihnen ½% gutschreiben, um Ihnen den Beweis zu erbringen, daß wir unser Klientel kulant bedienen", oder er antwortet nicht und wartet die Klage ab, wogegen er dann mit neuen Abwehrmitteln sich einer Gewinnauszahlung zu entziehen weiß. Die folgenden Beispiele sollen die Kursschnitte beweisen.

α. Zu hohe Basiskurse.

Ein Bucketshop hat am 26. August 1909 bei Ankauf von 6000 M Gelsenkirchener Bergwerksaktien den Kurs um 2½% zu hoch gerechnet, nämlich 195 + 1½% Report zu 3½% ult. Oktober. Es wäre 192,50% anzusetzen gewesen, da das Telegramm schon 9.40 vorm. in Berlin ausgefertigt wurde. 195% wurde erst um 3 Uhr notiert.

Am 14. April 1909 nahm ein Kunde 15 000 M Deutsch-Luxemburger Bergwerksaktien zu 173,50% bei ¾% Report und 3¾% Prämie für ult. Mai. Da der Auftrag am Morgen früh gegeben war, so hätte der erste Kurs in Anwendung kommen müssen, der betrug aber 171, so daß der Kunde um 2½ mal 150 = 375,— M geschädigt wurde. Auf Reklamation antwortete der Bucketshop: „Es ist trotz rechtzeitiger Beorderung nicht immer möglich, zum ersten Kurse anzukommen."

β. Zu niedrige Glattstellungskurse.

Die à la hausse Spekulierenden erlangten trotz des Beschneidens der Basiskurse noch häufiger Gewinn, als dem Bucketshop lieb war.

Ein besonders hoher Schaden erwuchs einem Arzte, der am 2. Juni 1909 eine Vorprämie auf 15 000 M A.-E.-G.-Aktien zu 235% + 0,75%

Report zu 3¼% per ult. Juli genommen hatte. Es ward der Basiskurs schon um 1% zu hoch berechnet, da amtlich 234% notiert wurde. Der Schaden des Kunden betrug dadurch schon 150,— ℳ. Nach erfolgreicher Animierung wurde diese Prämie am 23. Juli, am 22. September, am 19. November prolongiert und endlich am 15. Dezember glattgestellt zu 262%. Die Tageskurse waren 263, à—10, à—62. Der Bucketshop berechnete einen Abnahmekurs von 239,60%. Die enorme Schädigung verringert sich zwar um einen 9%igen Dividendenabschlag am 11. Dezember, es bleiben aber noch 14% ungerechtfertigte Kürzung des Gewinnes.

B. Prämienprolongationen.

Die Prolongation ist beim Prämiengeschäft widersinnig. Denn der Sinn der Vor- oder Rückprämie ist einerseits, täglich glattstellen zu können, und andererseits mit Schluß des Monats, auf den sie angesetzt ist, aus dem Engagement herauszutreten. In beiden Gesichtspunkten unterscheidet sie sich vom Ultimogeschäft, bei dem die Glattstellung nur am Stichtage möglich und die Prolongation auf den folgenden Ultimo der einzige Ausweg bei Kursfall ist. Für diese Hinausschiebung ist das Reportgeld zu zahlen, das als Kurszuschlag in die Erscheinung tritt.

Nun haben die Bucketshops die Prämienprolongation erfunden und zu einer gewohnheitsmäßigen Technik ihres Betriebes gemacht. Bei anhaltender Hausse werden die Kunden zur zwei-, drei-, viermaligen Prolongation verleitet, mit dem Hinweis auf noch höheren Kursgewinn. Selbst wenn der Prämienkäufer den Wunsch hat glattzustellen, weil er sich mit einem kleinen Gewinn zufriedengeben will, wird seitens des Bucketshop zur Prolongation animiert.

Am häufigsten ist aber die Prolongation nach dem Sinken der Kurse. Der Bucketshop läßt sich zwar eine neue Prämie zahlen, behält aber den Basiskurs der ersten Prämie bei, so daß ein Gewinn illusorisch wird.

Es fällt nicht sehr ins Gewicht, daß der Bucketshop diese Prolongationen zu geringeren Prämiensätzen, 1½—2%, berechnet. Sie sind noch immerhin höher als die Reports im ordentlichen Bankgeschäft. Der Zweck der Animierung zu Prämienprolongationen ist lediglich die längere und größere Kreditgewährung an den Bucketshop.

Am 9. September 1909 nahm ein Arzt eine Vorprämie auf 60 000 ℳ Rombacher Hütte zu 172½ + 1½% Report zu 3½% per ult. November 1909. Am 22. November war der Kurs auf 1 6 8 ½ % zurückgegangen. Auf Animierung wurde per ult. Dezember prolongiert zu 1½% Prämie. Die Glattstellung erfolgte am 13. Dezember zu 1 8 0 , 6%.

Durch die Prolongierung auf dem alten Basiskurs entstand ein Schaden von 1752,45 ℳ gegen eine neue Prämie auf Basis 168½% bei n o r m a l e m Prämiensatze.

Im obigen Fall ist das Betrügerische der Prolongation darin zu erkennen, daß der Bucketshop den Kurs von 1 7 2 ½ % bestehen ließ und nicht den neuen, niedrigeren Kurs von 1 6 8 ½ % einsetzte. Die Unerfahrenheit und Unkenntnis in Bank- und Börsenusance wurde hier in hohem Maße ausgenutzt. An sich schon sinnwidrig, wird die Prämienprolongation durch diesen Ergänzungsmodus zur strafbaren Bereicherung, zu der Ausbeutung wie sie den Betrugsbegriff ausmacht. Der Einwand, diese Prolongation als eine n e u e Prämie mit niedrigem Prämiensatz anzusehen, ohne den neuen Tageskurs als Basis zu nehmen, ist hinfällig. Es tritt das Prolongieren bei dem Bucketshop an die Stelle des Hin- und Herhandels des Prämienhändlers. Diese Praktik ist den Bucketshops unmöglich, da sie meist nicht an der Börse zugelassen sind, sondern von ihren Bureaus aus unter Zuhilfenahme des Kurszettels, den sie oft genug willkürlich korrigieren, die Gewinnchance ihrer Kunden beobachten. Das Bemühen um eigenen Nutzen geht dahin, daß jedes Geschäft prolongiert wird, solange der Kunde gutwillig genug ist, zu zahlen. Das Interesse des Bucketshop ist dem des Kunden entgegengesetzt; es ist leicht zu erkennen, daß er bei diesen banktechnisch unbekannten Manipulationen der Gegenspieler des Kunden ist, dessen Interesse vom Bucketshop hervorgerufen und fortgesetzt im Feuer gehalten wird und auf die glänzenden und sicheren Gewinne hinauszielt, die ihm versprochen werden, der in sicherer Erwartung der 10—30% Hausse ist, „die stündlich eintreten muß", und daraufhin prolongiert er seine Vorprämie um einen Monat und noch einen Monat, bis seine Hoffnung auf Gewinn endlich sich aufgelöst hat. Das Interesse des Bucketshop dagegen liegt im Sinken oder Stagnieren der Kurse, aber auch in vielfacher Prämienzahlung. Der Bucketshop ist im Gegensatz zu seinen Kunden Baissier. Um sich den Kunden lange als Geldquelle zu erhalten, nimmt er seine Kenntnis der Spekulantenpsyche zu Hilfe. Der Spekulant hängt an seinen Tips, er hält fest an dem einmal gewählten Papier. Der Bucketshop belebt die leere Hoffnung und den Spekulantenwahn, und dadurch erhält er sich für 6—9 Monate den Kredit seines Opfers. Dafür folgendes Beispiel:

Die Prämie eines Hofrats auf Dresdener Bankaktien 150 000 ℳ am 1. Dezember 1909 auf Basis 162,10 zu 3% Prämie per ult. Januar wurde sechsmal bis zum September 1910 prolongiert und kostete insgesamt 18 181,20 ℳ. Der Kurs der Aktien war mit kleinen Schwankungen nach unten unverändert. Daneben hatte der zahlungsfähige Kunde noch 5 andere Prämien, die mit der ersten und ihren Prolongationen zusammen 71 994,05 ℳ dem Bucketshop einbrachten.

C. Willkürliche und meist wucherische Reportsätze.

Es ist bekannt, daß die Bucketshops entweder zur Börse nicht zugelassen sind oder nur für einige ihrer zahlreichen Prämien Deckungsgeschäfte abschließen. Es resultiert daraus, daß ihnen nicht zugestanden werden, für ihre größtenteils fingierten Käufe und Verkäufe und deren Prolongationen Reports zu berechnen, die von den Banken für Hereinnahme und Geldleihung oder Stückeleihung und Geldnahme gefordert werden. Bei den Bucketshops kann auch nicht vom Zahlen höherer Reports an den Intervenienten die Rede sein, denn ihre Geschäfte gehen nur über das Hauptbuch des Buchhalters.

Aus der Fülle der Engagements und den vielfachen Prolongationen können hier nur einige Beispiele gegeben werden für die Höhe der dafür berechneten Reports, die oft neben die Prämienbasis gestellt, oft eingerechnet wurden. Der oft wiederkehrende hohe Satz von 1¼ und 1½% läßt darauf schließen, daß im Bucketshop die Reports willkürlich und schematisch eingesetzt werden, ohne Rücksicht auf den Liquidationskurs der Papiere und den Geldzinssatz des Monats, nach denen sie zu berechnen sind.

Vergleichen wir daraufhin zwei Prolongationen. 1. Ultimo Oktober und November 1909 wurde eine Prämie auf Schuckert Elektrizität-Aktien per ult. Dezember prolongiert, es wurden 3¾% Report gerechnet.

2. Ultimo November wurde eine Prämie auf Phönixaktien per ultimo Dezember prolongiert; es wurde 1¼% Report gerechnet.

Es betrug der Geldzinssatz für ult. Oktober 1909: 5⅛%, für ultimo November 1909 5%. Die Höhe der Reports geht aus der folgenden Rechnung hervor (noch mit Berücksichtigung der 4% Stückezinsen, die seit 1913 entfallen):

1. Schuckert-Aktien.

136 Liquidationskurs pro ult. Oktober
\+ 3,3 Effektenzins für 10 Monate
139,3 mal 5,12% (Ultimozinssatz) = 7,14
ab 4 Stückzinsen
3,14 : 12 = 0,26 % Report per ult. Oktober.

140 Liquidationskurs pro ult. November
\+ 3,6 Effektenzins für 11 Monate
143,6 à 5% Ultimozinssatz = 7,18%
÷ 4 Stückzinsen
3,18 : 12 = 0,26 % Report für ult. November

In Summa 0,52 % Report für Oktober + November, dies ist der börsentechnisch berechtigte Schiebungssatz für Schuckert-Aktien beim Kursstande von 136/140.

2. Phönix-Aktien.

212,50 Liquidationskurs ult. November
\+ 3,66 Effektenzins für 11 Monate
216,16 à 5% Ultimogeldzinssatz = 10,80%
ab 4 Stückzins
6,80 : 12 = 0,566% Report per ult. November.

Berechnet man aus den Reportsätzen des Bucketshop für dies Beispiel die Ultimogeldzinssätze, die ihnen zugrunde liegen sollten, so ergibt sich das ganze Mißverhältnis von Kurswert und Geldzins zu den Reports. Für die Schuckert-Aktien erhält man bei 1,75% pro Monat für ult. Oktober 17,6%, für die Phönix-Aktien 8,7%. Die Reportsätze sind also den Kurswerten beinahe umgekehrt proportional.

Gegen eine strenge Verurteilung der hohen Reports der Bucketshops kann nicht eingewandt werden: Die Prämienhändler in Berlin fordern höhere Prämiensätze und gleich hohe Reports. Eine Börsenfirma gab z. B. am 18. Oktober 1909 eine Vorprämie auf Schuckert E.-A. zu ult. Dezember 1909 à $142\frac{1}{2}/5$; für die ein Bucketshop nur $141/3\frac{1}{2}$ rechnete. Der Tageskurs war $137\frac{1}{2}$. Zunächst ist sicher, daß diese Firma an der

Börse lebhafte Geschäfte machte, sich eindeckte und nicht neben der hohen Prämie noch einen hohen Reportsatz in Anrechnung brachte. Der Bucketshop dagegen rechnete: 137½ + 3½% Prämie + ¾ Report, so daß also seine Prämie tatsächlich auf 144¾/3½ lautete. Der Kunde zahlte vom ausmachenden Betrage à 144¾ höhere Provision und Courtage, bei der Glattstellung verringerte sich sein Gewinn durch die höhere Basis. — Der niedrige Prämiensatz diente dem Kundenfang, der hohe Reportsatz zur Kundenausbeutung.

D. Der Bucketshop berechnet zu hohe Spesen.

Neben zu niedrigen Prämiensätzen kommen in den Bucketshops auch zu hohe Sätze vor.

Am 20. Dezember 1909 wurden für 300 Stück Lombarden zu 23,10 à 2½% per ult. März 1910 berechnet. Der Satz von 2½% für drei Monate setzt 9½% für 1 Jahr voraus, d. i. 40% des Kursstandes. Bei einem so niedrig notierten Papiere wäre 1¼% angemessen gewesen, wie sie Börsenfirmen am 20. Dezember 1909 handelten.

Hohe Prämien werden aber nur dann gefordert, wenn Kursfälschungen der Aufmerksamkeit des Kunden nicht entgangen wären. Im allgemeinen rechnete der Bucketshop damit, daß dem Kunden der amtliche Kurszettel unbekannt und unentwirrbar war. Darum empfahl sich mehr, niedrige Prämiensätze als Empfehlungsmittel zu verwenden und den Ausgleich durch höhere Kurse herbeizuführen.

Fast ausnahmslos rechnen die Bucketshops 1‰ Courtage vom ausmachenden Betrage. Das ist eine Ungeheuerlichkeit zu nennen, wenn man den an der Börse üblichen Satz von ½‰ vom Nominalbetrage damit vergleicht und hinzunimmt, daß der Bucketshop nicht die Börse besucht oder nur wenige Geschäfte dort tätigt, also keine eigentlichen Börsengeschäfte weder im freien Markte, noch durch den beeideten Makler macht und demnach keine Maklergebühr zu bezahlen braucht. Die als Courtage angerechneten Beträge sind ausnahmslos seine Gewinne. Dazu war es für seine Rechnung bequem, die Courtage gleich der Provision zu setzen. Nun ist aber einzuwenden, daß nach § 403 HGB. nur dem selbsteintretenden Kommissionär die Provision und Kosten (Courtage und Report) zustehen. Wollte sich der Bucketshop durch seine Geschäftsbedingungen und Geschäftsgebahren wirklich als Selbstkontrahent ausgeben, dann würde er 1. wegen der verschiedenen rechtswidrigen Vermögensvorteile ($1^0/_{00}$ Courtage vom ausmachenden Betrage, wegen der Kursschnitte, der Prolongationen der Prämien auf Grund des ersten Basiskurses) und Nichterfüllung, 2. wegen Vorspiegelung falscher Tatsachen (wie Führung des Namens Bankgeschäfts, Versendung von Schlußnoten ohne die Voraussetzung dazu, Proklamierung seiner Filialen als selbständige Betriebe usw.) sowie 3. wegen der Irrtumserregung über sein Vermögen, seine Informationen usw., der Strafe des § 95 des Börsengesetzes (Novelle 1908) verfallen. — Er ist aber nicht Kommissionär, sondern Eigenhändler, denn seine Prämiengeschäfte werden auf selbstbestimmter Basis bei festen Prämienpreisen zwischen ihm und seinen Kunden gehandelt, ohne tatsächliche Rücksicht auf die Börse. Darum mußte auch Nettoaufgabe erfolgen, da dem Eigenhändler keine Provisionen, keine Courtage zusteht. Der Bucketshop eignet sich diese Beträge widerrechtlich an, indem er vorgibt, als Selbstkontrahent zu übernehmen.

Zuletzt ist aus den Einzelgeschäften ersichtlich, wie er bei den Prolongationen zwar richtig nur den halben Stempelbetrag verwendet, aber den vollen Betrag vom Kunden fordert (vgl. typische Bucketshop-Geschäfte, III 2), wie er überhaupt auf der Schlußnote, die er behält, keine Stempelmarke verwendet und bei der Glattstellung neue Schlußnoten anstellt und dafür ebenfalls den Stempelbetrag fordert und meist nicht in Marken verwertet.

E. Die Einwendungen der Bucketshops, um Gewinnauszahlungen zu vermeiden.

In Zivilprozessen erheben die Bucketshops gegen ihre Kommittenten den Registereinwand, den Sicherheitseinwand, den Spiel- oder Differenzeinwand.

§ 53 der Börsengesetznovelle schafft eine Börsenrechtssphäre für den Börsenterminhandel. Um kapitalschwache und börsenunkundige Personen von der Spekulation in Termingeschäften auszuschließen, sind nur „Kaufleute, die in das Handelsregister eingetragen sind oder deren Eintragung nach § 36 HGB. nicht erforderlich ist, oder eingetragene Genossenschaften", sowie die berufsmäßigen Börsenleute und Ausländer im Terminhandel geschäftsfähig. Für Outsiders können nur Kaufleute der ersten Art Geschäfte am Terminmarkte rechtsgültig abschließen. Die Outsider haften den Vollkaufleuten nur in der Höhe ihrer ausdrücklich bestellten Sicherheit (§ 54).

Auf Grund dieser Bestimmungen konnten sich die Bucketshops in vielen Fällen von Gewinnauszahlungen freimachen.

§ 762 und § 764 BGB. geben ein zweites Rechtsmittel, um Ansprüche aus Prämien abzuweisen. Wenn Spekulationsgeschäfte in der Absicht geschlossen werden, nicht Waren oder Wertpapiere zu liefern und zu empfangen, sondern nur die Preisdifferenz an den Gewinner zu zahlen, dann kann aus den Geschäften keine rechtsgültige Verbindlichkeit abgeleitet werden.

Auch diesen Einwand haben Bucketshops gegen Forderungen ihrer Kunden erhoben. Zwei ausgewählte Prozeßfälle zeigen das Verfahren der Firmen und die Stellungnahme der Gerichtshöfe.

Seit 2. April 1909 war ein wohlhabender Privatmann mit Zirkularen und persönlichen Aufmerksamkeiten bedacht worden. Am 23. Oktober 1909 entschloß er sich, dem Bucketshop einen Auftrag zu geben. Er nahm 120 000 ℳ A.-E.-G.-Aktien zu 247¼% à 2⅝% Prämie zu ult. Dezember.

Daraus hatte er am 10. Dezember einen Gewinn von mindestens 20 000 ℳ zu erwarten. Er bat an diesem Tage um ein Darlehn (!) von 20 000 ℳ. Am 18. Dezember erinnerte er daran, am 20. Dezember erhielt er die Antwort: „Aus der uns zugegangenen Auskunft ersehen wir, daß bei der zwischen uns abgeschlossenen Verbindung §§ 53 und 54 des Börsengesetzes nicht zutreffen und wir demnach auf Ihre werte Kundschaft verzichten müssen, senden den Prämienbetrag von 3328,20 Mark zurück und müssen das abgeschlossene Geschäft stornieren.“

Der Kunde protestierte, der Bucketshop aber empfahl ihm neue Prämien zu nehmen unter Vermittlung einer Mittelsperson, die den Bedingungen des Börsengesetzes entspräche; der Kunde brachte Beweise, daß der Reisende 2 Stunden in seinem Hause zum Abschluß der Prämie animierte, daß er erfuhr, wer er wäre, und daß der Bucketshop mit vielen anderen Privatleuten und Beamten Prämiengeschäfte abschloß.

Hieraus entstand Zivilprozeß auf Zahlung eines Teilbetrages von 10 000 ℳ. Der Bucketshop beantragte Abweisung der Forderung auf Grund seines Rücktritts vom Geschäft nach der Auskunft, daß der Kunde nicht eingetragener Vollkaufmann sei. Das Landgericht stellte zunächst fest, daß die Auskunft über den Kunden schon am 8. November, vor Abschluß der Vorprämie und vor dem Besuche des Reisenden eingegangen ist. Es verurteilte den Bucketshop am 13. April 1910 zur Zahlung auf

Grund von § 57 Börs Ges., infolge „geschehener Leistung" in Gestalt der Prämienzahlung.

Interessant ist ein Fall, in dem einem Kunden durch Kurssteigerung und Einzahlung ein Guthaben von 2035,25 M verblieb. Der Bucketshop verweigerte die Auszahlung unter Einrede nach § 53 und 54 BörsGes. und §§ 762 und 764 BGB. Der Professor konnte aber einen Zeugen für den Inhalt seiner Unterredung mit dem Inhaber des Bucketshop nennen, das Gericht verurteilte ihn auf Grund des § 812 B G B. (ungerechtfertigte Bereicherung) zur Zahlung von 2698,— M.

Da der mit der Leistung bezweckte Erfolg durch den Bucketshop systematisch verhindert wird, sind unter diesem Gesichtspunkte die meisten Verbindlichkeiten zwischen Bucketshop und Kunden zu beurteilen.

5. Unterschiede zwischen Bankgeschäften und Bucketshops.

Aus den dokumentierten Merkmalen des Bucketshop geht mit Folgerichtigkeit hervor, daß das Bucketshop-System mit dem Bankwesen innerlich nichts gemein hat. Das hat mit großer Genugtuung Neander Müller in einem Aufsatz im Bankarchiv (15. Mai cr.) festgestellt. Je besser die Grundlagen, die Persönlichkeiten, die Geschäftsformen bekannt werden, desto größer wird der Abstand zwischen Bankgeschäft und Bucketshop. Es kann nicht wundernehmen, wie in den Bucketshop-Prozessen die Sachverständigen, seien sie Theoretiker oder Praktiker, immer weiter von dem Angeklagten Distanz nehmen.

Staatsanwaltschaftsrat Gysae definiert den Bucketshop nach der negativen Seite hin und sagt in seinem Artikel („Bank", Aprilheft 1913): „Der Bucketshop ist kein Bankier, er ist keine unehrliche Abart des ehrlichen Bankgeschäfts, er ist überhaupt kein Bankgeschäft."

Die „bank- und börsenmäßigen Transaktionen" des Bucketshop bestehen in folgenden Vorgängen:

1. Es werden aus dem Adressenmaterial diejenigen Personen ausgewählt, die mit Zuschriften, Reisendenbesuchen, Depeschen bedacht werden sollen.

2. Es wird durch Zeitschriften, Briefe und Depeschen animiert.

3. Die Reisenden besuchen die Personen, die mehrere Zuschriften bekommen haben.

4. Geht ein Auftrag ein, so wird er mit willkürlichen Kursen in das Engagementsbuch eingetragen.

5. Es wird die Prämie, die Courtage, der Stempelbetrag nach einem festen Schema berechnet und eingezogen.

6. Die Schlußnote wird dem Kunden geschickt, ohne daß irgendeine entsprechende Transaktion ausgeführt wurde.

7. Sowohl bei Hausse als bei Baisse wird vor Monatsmitte zur Prolongation animiert, meist durch die Reisenden.

8. Wenn der Kunde darauf eingeht, werden Report und Stempel fällig und eingezogen. Wenn nicht, wird sein Engagement unter Einsetzung eines niedrigeren Kurses als der Tageskurs glattgestellt.

9. Der Kunde, der sich den „Dispositionen" des Buckethop nicht fügen will, wird mit dem Rechtsanwalt bedroht, eventl. werden Prozesse angestrengt.

10. Etwaige Gewinne der Kunden werden, wenn irgend möglich, in einer neuen Prämie oder einem Ultimogeschäft festgelegt, eventl. wird durch Einrede aus den §§ 53 und 54 des BörsGes. und §§ 762, 764 BGB. die Gewinnauszahlung umgangen.

Ein Vergleich der Vorgänge beim Abschluß von Prämiengeschäften seitens des Bankiers und seitens des Buckethop ergibt also folgende Gegensätze:

Der Bankier	Der Buckethop
tätigt an der Börse hauptsächlich Kassa- und Ultimogeschäfte,	macht meist nur Scheingeschäfte ohne Deckung im Börsenhandel,
selten Prämien (Prämienhändler).	fast nur Prämien.
Er erledigt die Aufträge seiner Kommittenten durch Selbsteintritt in Kassa und Ultimogeschäften; Prämien führt er nur als Kommissionär in kongruenten Geschäften aus.	Er gibt Prämien als Eigenhändler.
Im Kundenverkehr pflegt er Eigenhandel nur in amtlich nicht notierten Werten, nicht in Prämien.	

Der Bankier	Der Bucketshop
Er besitzt ein bedeutendes Vermögen, ansehnlichen Effektenbestand und zahlreiche Engagements am Börsenmarkte.	Er verfügt über wenig Eigenkapital, hat keinen Effektenbestand und wenige oder keine Börsenengagements.
Er ist Vertrauensmann und Ratgeber und hat das Interesse, seine Kunden nach bestem Wissen zu beraten.	Er verleitet unerfahrene Personen zu Geldleistungen, ohne ihnen einen Nutzen gewähren zu wollen.
Aus Geschäften, die er im Auftrage seiner Kommittenten ausführt, hat er im allgemeinen keinen andern Gewinn als die Provision.	Er führt keine Aufträge aus, fordert aber neben der Provision die Zahlung von Prämiensatz, Maklergebühr und Stempel.
Die Spesen berechnet er nach Börsenusance.	Die Berechnuug der Spesen nimmt er nach willkürlichen Sätzen vor.
Er prolongiert keine Prämien.	Fast alle Prämien werden prolongiert.
Er verwahrt die Depots der Kunden getrennt von eigenen nach den Vorschriften des Depotgesetzes.	Er verpfändet und verkauft die fremden Depots zur eigenen Kapitalbeschaffung.

IV. Die Beurteilung der Geschäfte des Bucketshop im Strafprozeß.

1. Die Bucketshops und die juristische Praxis.

Ein wenig absonderlich erscheint die Stellungnahme, die ein Rechtsanwalt im „Plutus“ vom 3. Mai 1913 unter dem Titel: „Bucketshop-Rummel“ allen interessierten Kreisen empfiehlt. Der Ton wie die Sachlichkeit lassen darauf schließen, daß manche juristische Berater der Bucketshops sich für ganz außerstande halten, gegen deren Geschäfte juristische oder moralische Einwendungen in Rücksicht auf Treu und Glauben und die gute Sitte zu machen. In Hinsicht auf die vielen Opfer, die den Bucketshops verfallen, ist solches Verhalten unendlich zu bedauern.

Georg Bernhard geht in seinem Artikel im „Plutus“ vom 5. April 1913 noch tiefer auf die erstaunliche Intimität von Bucketshop und Rechtsanwalt ein. Die geheimen Leitungen vom Bureau des einen zu dem des anderen liegen zwar nicht klar zutage, aber in dem Strafprozeß gegen die Inhaber der Firma Kwiet und Gans, der mit der Verurteilung der Angeklagten wegen Verleitung zur Börsenspekulation zu mehrjähriger Gefängnisstrafe endigte, ist festgestellt worden, daß ein Justizrat „die Geschäftsbedingungen entwarf, nach denen der Bucketshop Kwiet und Gans seine Geschäfte machte“. Weiter ist aus diesem, von ehrlicher Entrüstung über das Bucketshop-Unwesen getragenen Aufsatze der Satz hervorzuheben: „Es ist schließlich nicht die Aufgabe von Rechtsanwälten, als Kapitalvermittler für Bucketshops zu fungieren“ und deren Bücher zu prüfen und „alles in bester Ordnung zu finden“, wo offenbar Recht und Ehrlichkeit unbekannte Grundsätze sind. Wir müssen annehmen, daß einige Rechtsanwälte vor und nach der grundlegenden Entscheidung des Reichsgerichts in Sachen des Bucketshop Neckel (28. Februar 1913) die Prinzipien und Geschäfte der Bucketshops doch nicht verstehen und mit denen der ehrlichen Bankiers vergleichen wollen; sie müßten sonst zu anderen Urteilen gekommen sein!

Es ist dann auf die Unsicherheit des Landgerichts in Zivilprozessen der Bucketshops hinzuweisen. Unter dem alten Börsengesetz vom 22. Juni 1896 sind so gut wie alle Termingeschäfte nichtig gewesen, es mußten beide Kontrahenten ins Börsenregister eingetragen sein, wenn sie solche Geschäfte abschließen wollten. Die Ersatzformen, die Bankiers und Makler ersannen, das handelsrechtliche Lieferungsgeschäft und das Kassakontokorrentgeschäft wurden in der Rechtsprechung als Umgehungsversuche erkannt und als Termingeschäfte qualifiziert.

In der Novelle vom 8. Mai 1908 wurde ein Kompromiß zustande gebracht, durch den das Termingeschäft der Fondsbörse neues Leben erhielt. Aber es erwuchs neben den Banken und Bankgeschäften ein Schwindlertum, das ihnen die Kunden wegfing und diese ausbeutete.

Die Rechtsprechung hatte sich bald vielfach mit den Praktiken dieser Geschäfte zu befassen und fand sich zwiefach in Verlegenheit; zuerst bot die Börsengesetznovelle viele Unklarheiten in der juristischen Handhabung und dann setzte sie Einsicht in die Bank- und Börsentechnik voraus, die den meisten Richtern und Staatsanwälten fehlte. Dadurch kam die Freisprechung wegen Betrugs im Prozeß Friedberg zustande, wodurch wieder weitergehende irrige Meinungen in der Bank- und Spekulantenwelt hervorgerufen wurden, die erst durch die Strafprozesse der letzten Jahre berichtigt wurden. Wie schwierig es war, die im Bucketshop getätigten Prämiengeschäfte nicht bloß gefühlsmäßig als verwerflich zu fassen und darum unter Zuhilfenahme irgendeines Paragraphen zu beurteilen, sondern die Anwendungsmöglichkeit der Bestimmungen juristisch abzugrenzen, zeigt ein Prozeß, in dem ein Kunde um einen Gewinn aus einem Prämiengeschäft klagte, das vom Bucketshop nach § 53 BörsGes. storniert wurde.

Am 13. April 1910 verurteilte das Landgericht Berlin I den Bucketshop zur Zahlung von 10000 ℳ mit der Begründung aus § 57 Börsengesetzes: Leistung in Form der Prämie. Am 25. Mai wurde daraufhin beim Inhaber des Bucketshop gepfändet und gezahlt.

Am 22. Juni 1910 klagte derselbe Kunde auf Zahlung des Restbetrages von 15 071,80 ℳ gegen denselben Bucketshop vor demselben Landgericht, und es erging das Urteil: Die Zivilkammer hat ihre Ansicht geändert und erkennt den Klageanspruch als nicht berechtigt an.

In der Berufungsinstanz verpflichtete das Kammergericht am 3. Juli 1910 den Kläger sogar für rückzahlungspflichtig, indem es § 57 nicht angewendet wissen will, sondern nach § 53 für Recht erkannte, daß der Kunde nicht termingeschäftsfähig sei. Es erkannte den Nachweis des Kunden nicht an, daß der Bucketshop, bevor die Prämie abgeschlossen wurde, Kenntnis davon hatte, daß er nicht Vollkaufmann war.

2. Verleitung zu Börsenspekulationsgeschäften (§ 94 BörsGes. vom 8. Mai 1908).

Vor der Bestellung von Staatsanwälten mit Bankpraxis ist keine Bestrafung wegen Verleitung zu Börsenspekulationsgeschäften erfolgt. Seit aber auf Anregung des Zentralverbandes des Bank- und Bankiergewerbes am 24. Dezember 1910 ein Erlaß des Ministers erschienen ist, der die Verfolgung von Straffällen, die in das Börsenwesen hineinreichen, Staatsanwälten und Richtern überträgt, die sich durch Studium und Praxis einen gründlichen Einblick in die Geschäfte des normalen Bankgewerbes und seiner Börsengeschäfte verschafft haben, ist der § 94 BörsGes. mehrere Male zur Anwendung gelangt.

Dieser Paragraph wäre mißverstanden, wollte man daraus entnehmen, daß jeder Rat und jede Empfehlung in Hinsicht auf ein börsenmäßig gehandeltes Papier als Verleitung im Sinne des Börsengesetzes strafbar sei. Es soll darin nicht die Kundenwerbung von Banken und Bankiers getroffen werden, darum ist ausdrücklich auf die „Ausbeutung der Unerfahrenheit und des Leichtsinns“ gezielt. Nur die „über das zulässige Maß hinausgehende Einwirkung auf die Person, die gewonnen werden soll“ (Nußbaum) ist strafbar. Dies zulässige Maß ist in den §§ 44, 56a, 148 der Gewerbeordnung näher bestimmt, insofern dort Besuche von Reisenden und Agenten zum Abschlusse von Termingeschäften unter Strafe gestellt werden. Nur mit diesen „Börsenspekulationsgeschäften“ beschäftigt sich § 94 BörsGes., unter dieser Einschränkung bietet er eine Handhabe gegen den Kundenfang der Bucketshop-Reisenden und der Animierschreiben. Nun gehen viele Rechtsanwälte nicht so weit, den § 94 unter dem Gesichtspunkte des Grades und der guten Sitte aufzufassen im Sinne der Reichsgerichtsentscheidung Bd. 48, 124, wo der Maßstab einer Handlung nach dem Anstandsgefühl aller billig Denkenden und dem des ehrbaren Kaufmanns berichtigt wird. Sie wollen auch nicht § 138 BGB. zum Schutz der Verleiteten gelten lassen. Will man Gradunterschiede in der Kundenwerbung von Bank und Bucketshop nicht sehen, dann darf man doch nicht den großen Berg des um Anlage und Umschlag werbenden Kapitals der Großbank vergessen, oder die bescheidenere Bonität des Privatbankiers. Hinter dem Reisenden des Bucketshop steht der Bettelmann! Darum gilt hier das alte Wort: Duo cum faciunt idem, non est idem.

Wenn schließlich der Gesetzgeber eine allseitig zu beherzigende Verdammung der wider Treu und Glauben und die gute Sitte verstoßenden Praktiken der Kundenwerbung stipuliert haben sollte, so dürfte sich etwelcher Bankier und Bankbeamte geprüft und gewarnt, der Bucketshop aber verurteilt finden, denn es darf nicht geurteilt werden ohne Sondierung der Geschäftsführung, d. h. in erster Linie der Deckung und der Geschäftsbasis. —

Es bleibt zu erwägen, ob der § 94 BörsGes. überhaupt auf die Scheingeschäfte des Bucketshop Anwendung finden kann. Die gewohnheitsmäßige Verleitung des Bucketshop zu Spekulationsgeschäften, die zwar nicht an der Börse getätigt werden, aber in börsenmäßig gehandelten, amtlich notierten oder nicht notierten Werten sich vollziehen, dienen den Zwecken der Untreue, die im § 95 behandelt werden. Und beide §§ 94 und 95 sollen doch dieselben Geschäfte treffen, gleichgültig, ob sie durch Eigenhändler oder Kommissionär, im Börsensaale oder im Bureau ausgeführt werden. — Außerdem dürfte das Vorgeben des Bucketshop und die Absicht des Kunden, „Börsengeschäfte“ zu machen, die vorgetäuschten Abschlüsse auch unter das Börsengesetz bringen. Ein Kammergerichtsurteil hat dementsprechend entschieden.

In bezug auf die einzelnen Tatbestandsmerkmale der Verleitung ist auf die Urteilsbegründung der Entscheidung des Reichsgerichts vom 28. Februar 1913 zu verweisen, die im „Bank-Archiv“ vom 1. April 1913 abgedruckt ist.

Es soll hier auf Grund des obigen Urteils dargestellt werden, was zum Begrifflichen der Verleitung im Reichsgerichtsurteile fixiert ist.

Ganz zielbewußt ist von der authentischen Stelle der Rahmen der Verleitung weit gespannt, so daß alle im Betriebe des Bucketshop geübten Praktiken heineinfallen. Die Gefahr, die redliche Kundenwerbung der Banken und Kaufmannswelt mitzugreifen, ist durch die Fassung des Begriffs Verleitung ausgeschlossen, der immer die Erfüllung des Betrugsparagraphen (§ 263 StGB.) zur Voraussetzung hat. „Der Begriff des Verleitens erfordert nur, daß mit irgendwelchen Mitteln auf den Willen eines andern zu dem Zwecke eingewirkt worden ist, ihn zum Abschlusse von Börsenspekulationsgeschäften zu bestimmen, und daß diese Einwirkungen Erfolg gehabt haben.“ Dagegen kann der Bucketshop nicht einwenden, die Animierungen hätten sich nur auf Personen bezogen, „die von vornherein ein Interesse für Börsenspekulation an den Tag gelegt hätten“ und Ratschläge wünschten. Es kommt nur darauf an, daß das wirklich abgeschlossene Engagement durch den Agenten oder die Animierschreiben veranlaßt worden ist. Neigung zur Spekulation setzt das Reichsgericht bei allen Menschen voraus. Es gilt das Goethesche Wort:

„Am Golde hängt,
Nach Golde drängt
Doch alles. — Ach, wir Armen!“

Leichtsinn der Kunden folgert die Urteilsbegründung aus dem Verhältnis vom Betrag des Termingeschäftes zu seinem Barvermögen. Sie will dem Bucketshop nicht erlauben, das Kleinkapital zu „Spekulationsgeschäften“ heranzuziehen. Dem Bucketshop wird es auch nicht leicht gemacht, die Erfahrenheit des Kunden nachzuweisen, denn das Gericht steht auf dem Standpunkte: Ein Spieler, der irgendwann früher schon einmal ein Börsengeschäft abschloß und mit Gewinn oder Verlust herausging, kann noch nicht als erfahren in solchen Geschäften gelten. Meistens bleibt nach solchem Verlust dennoch eine große Naivität. Diese Tatsache ist den Reisenden und Inhabern der Bucketshops sehr bekannt. Es ist für das Prädikat: „erfahren" zu erwarten, daß der Kunde Einsicht in den Börsenhandel besitzt und die Ausführung seines Auftrags und die Rechnungslegung kontrollieren kann. Fehlte ihm nicht diese Einsicht, so würde er nicht wieder bei derselben oder einer andern fremden Firma, die Reisende schickt, von neuem abschließen.

Dagegen gelingt es dem Gerichtshofe leicht, dem Bucketshop nachzuweisen, in welchen Fällen sein System zu einer „Ausbeutung" des Leichtsinns und der Unerfahrenheit wurde. Der Nachweis gelingt aus der Höhe der Courtage von 1‰ vom ausmachenden Betrage, den vielfachen Prämienprolongationen und den schematisch und ungerechtfertigt angesetzten Reports von 1½—2½% ohne Rücksicht auf den Kursstand.

Ebenso sicher kann der Beweis des „gewohnheitsmäßigen" Verleitungsdelikts gebracht werden, denn ohne fortdauernde Agententätigkeit und zahlreiche wiederholte Animierschreiben zerfällt das System des Bucketshop von selbst.

Das Beweisverfahren erscheint in Hinsicht auf § 94 BörsGes. so sicher, daß Bruno Buchwald seinen Aufsatz („Plutus", 29. März 1913) in der zuversichtlichen Hoffnung schließt: „Es wird jetzt mit dem Bucketshop-System zu Ende sein!" — Der Ausgang der Prozesse dieses Jahres scheint ihm das Recht dazu zu geben. Georg Bernhard muß dagegen als gegenteiliges Indizium feststellen, daß die nicht mit Gefängnis bestraften Helfer „Merkurs" sofort nach dem Prozeß gewohnte Beschäftigung in anderen Firmen fanden. Es wäre notwendig zu fragen: Sind diese Bucketshops? Wo und wie finden die ihre Kunden? — Verhaftung des einen hat in bezug auf die erste Frage schon die bejahende Antwort gebracht („Börsen-Courier" vom 16. August 1913).

In Hinsicht des § 94 BörsGes. ist es in einem Artikel „Bucketshop-Rummel" im „Plutus" vom 3. Mai 1913 unternommen worden, die Privatbankiers zum Schutze der Bucketshops gegen die Großbanken und den „Zentralverband des Deutschen Bank- und Bankiergewerbes" mobil zu machen.

Das Unternehmen ist als verfehlt zu bezeichnen. Die Aufsaugung des Groß- und Kleinkapitals durch die Großbanken, hat viel tieferliegende Gründe, als die energische Bekämpfung des Bucketshop-Unwesens abgeben kann. Es kann hier nicht ausführlich darauf eingegangen werden, die Ursachen sind volkswirtschaftlicher Natur, und vielfach geben Überlegungen in bezug auf die Sicherheit und Bequemlichkeit den Ausschlag.

Der Verfasser läßt absichtlich außer acht, daß eine bestimmte Interpretation des § 94 notwendig ist, weil das wirtschaftliche Wohl des Volkes sie erfordert. Die Spekulation der Minderbemittelten und Börsenunkundigen durch skrupellose Agenten und aufreizende Animierschreiben fortdauernd wachzuhalten zum Nutzen der Bucketshops, ist ein Unheil für die Volkswohlfahrt, so daß das Reichsgericht einen Damm setzen mußte, selbst wenn Interessen des Bankierstandes in bezug auf Propaganda mit eingeschränkt wurden.

Ferner vergißt der Verfasser den grundlegenden Unterschied zwischen den hier und da stattfindenden Besuchen und Empfehlungen eines Bankiers und den zudringlichen persönlichen und schriftlichen Animierungen des Bucketshop. Selbst wenn der Wortlaut derselbe wäre, ist weder die Absicht, noch die Geschäftsbasis, noch die Geschäftsausführung dieselbe, es stehen Beratung, börsenmäßige Ausführung und Täuschung, dolose Ausbeutung einander gegenüber.

Die Privatbankiers, die der Autor zum Sturm aufruft, haben sich nicht eine Crux auferlegt, sondern sie sind von einer Pseudoform der Bankgeschäfte, einer Konkurrenz befreit worden, die ihnen sonderlich in der Provinz die Kunden wegfing und deren Unerfahrenheit ausbeutete, so daß sie kapitalschwächer wurden und dadurch lange Zeit die Dienste des Bankiers nicht mehr gebrauchten, zu dem sie aber nach „trüber Erfahrung" in den Stricken des Bucketshops zurückkehren werden, wenn sich ihre Vermögen wieder gestärkt haben!

Wie notwendig es ist, energisch und nichtachtend etwaiger Späne, „die den kleinen Bankier treffen könnten", gegen die gemeingefährliche Verleitung der Bucketshops vorzugehen, zeigt die Zeitungsnachricht vom 11. Juli 1913 („Börsen-Courier"), in der über das Urteil berichtet wird, das über einen Referendar gefällt werden mußte, weil er sich von einem Bucketshop-Inhaber während dessen Untersuchungshaft hatte v e r l e i t e n lassen, ihm bei der Flucht behilflich zu sein. „Der Angeklagte konnte der Energie und der Überzeugungskunst nicht widerstehen und unterlag einer Suggestion, daß eine strafbare Handlung nicht vorliege und der Bucketshop eine solche nicht darstelle."

Wieviel mehr wird dieser Bucketshop-Typ den leichtgläubigen Laien gefährlich geworden sein, wenn er sie für seine Zwecke gewinnen wollte!

3. Vergehen gegen das Depotgesetz vom 5. Juli 1896.

Das Gesetz vom 5. Juli 1896, betreffend die Pflichten der Kaufleute bei Aufbewahrung fremder Wertpapiere, hat für den Bucketshop-Betrieb und seine Bekämpfung hervorragende Bedeutung.

Es handelt sich darin einerseits um die Effekten, die selbst Spekulationsobjekt sind, und andererseits um diejenigen, die vom Kunden als Sicherheit gestellt werden. Die ersteren sind nicht vorhanden, insofern die Käufe nur vorgetäuscht werden, sie sind die Betrugsobjekte. Daraus folgt, daß sie nicht unterschlagen werden können; mit ihnen beschäftigt sich also das Gesetz in Hinsicht auf die Bucketshops nicht.

Dagegen genießen seinen Schutz die bei der Sicherheitsstellung dem Bucketshop überantworteten Wertpapiere, die Besitz des Kunden bleiben. Sie sollen nicht ohne ausdrückliche Erklärung des Pfandgebers und ohne „wirtschaftliche Rechtfertigung" (Lusensky) dem Bucketshop zur Kapitalbeschaffung dienen.

Die widerrechtliche Veräußerung wurde gegen Siegmund Friedberg im Urteil vom 1. Mai 1909 und auch in dessen reichsgerichtlicher Bestätigung vom 7. Januar 1910 nicht für erwiesen erachtet. Das Gericht sprach ihm nach gelungener Verschleierung seines Bucketshop-Betriebes den Glauben zu, sich für kapitalkräftig genug gehalten zu haben, die Rückgabe der Effekten in genere leisten zu können. In seinem Geschäfte wurden die als Sicherheit verpfändeten Wertpapiere neben den in Kaufauftrag gegebenen, auf Stückekonto gutgeschrieben und Nummernverzeichnisse nicht übersandt. Es wurden ferner auf Verlangen den Kunden falsche Mitteilungen über ihr Eigentum gemacht. Das Gericht stellte fest, daß die Depots verkauft wurden, wenn im Bucketshop Kapitalbedarf eintrat, der trotz umfangreicher Kundschaft und zahlreicher großer Prämienbeträge andauernd war. Es wurde aber in dem Strafverfahren unterlassen, den Betrieb zu prüfen, weil die Richter damals den Bucketshop noch nicht vom Bankgeschäft unterscheiden konnten. Sie ließen sich infolgedessen durch die Ausführungen des Anwalts, die über Betrug und Depotvergehen hinwegtäuschten, zu einem freisprechenden Urteil auf beide Delikte verleiten.

Das versuchten auch die Angeklagten der neuesten Bucketshop-Prozesse unter Berufung auf die im Falle Friedberg ergangene Entscheidung. Sie blieben ohne Erfolg, dank den Ausführungen der Staatsanwälte und der Sachverständigen.

Die Anwendungen der Strafbestimmungen des Depotgesetzes auf das System im Bucketshop Sattler wurde möglich, weil dieser wegen Erpressung und Konkursvergehen vor das Schwurgericht gebracht werden konnte. Darum konnte der Staatsanwalt vor dem Schwurgericht die Bestrafung wegen obiger Vergehen und neben diesen vor der 10. Strafkammer die Verurteilung wegen Betrugs und Verleitung durchsetzen.

Vergehen und Sühne bestrafen folgende Tatbestandsmerkmale:

Der Bucketshop-Inhaber ließ sich in seinen Geschäftsbedingungen das Recht der „Weitergabe des gestellten Depots" geben. Ein Sachkundiger würde hinter der „Weitergabe" die arglistige Verschleierung der Verpfändung gesehen haben, der Spekulant, dem die Geschäftsbedingungen nach Erteilung des Auftrags auf der Rückseite der Schlußscheine vor Augen kamen, wurde die Falle nicht gewahr, denn er vertraute seinem Ratgeber.

Der Staatsanwalt vertrat die Anwendung des § 11 des Depotgesetzes und warf dem Bucketshop vor, 1. als Kaufmann im Betriebe seines Handelsgewerbes als Kommissionär Effekten in Gewahrsam genommen zu haben und 2. diese im Bewußtsein seiner Zahlungsunfähigkeit an einen Dritten verpfändet zu haben, so daß eine rechtswidrige Zueignung vorlag. Es konnte dem Angeklagten nicht zweifelhaft gewesen sein, daß er zur Wiedereinlösung nicht die Mittel hatte. Es konnte bei ihm auch nicht die Absicht vorausgesetzt werden, etwaige bare Deckungen anderer Kommittenten für diesen Zweck zu verwenden, die Geschäftsbedingungen ließen auf gewohnheitsmäßige Aneignung und Realisierung schließen. 3. Die zur Zeit der Verpfändung bestehende Überschuldung stand im zeitlichen Zusammenhange mit der nach der rechtswidrigen Aneignung erfolgten Zahlungseinstellung.

Wie der Bucketshop bei der „Weitergabe der Effekten" verfuhr, ist festgestellt worden. In seiner Vernehmung als Zeuge bekundete der Inhaber anfänglich, er habe bei der Weiterverpfändung der Effekten an seinen Hintermann diesem stets den Namen des Eigentümers genannt (§ 8 Depotgesetz). Näher befragt, erklärte er, daß er oder sein Buchhalter diese Mitteilung telephonisch und nachträglich gemacht hätten. Der Buchhalter bestritt diese Angaben, und ein Reisender wußte, daß der Chef niemals den Namen des Eigentümers bei der Weitergabe der Wertpapiere mitgeteilt habe. Nach der Aussage des pfandnehmenden Depositenkassenvorstehers war es der Leiter der Filiale des Bucketshop, der die Depots ohne die Frage: Woher? an sich nahm und sofort weiter verpfändete und verkaufte, um Geld zu schaffen. Er nannte sich in seiner Vernehmung nach vielen Ausflüchten: den Inkassomandatar des Chefs, von dem er 2% Inkassospesen erhielt.

Dies Kapitel würde sehr umfangreich werden, sollte es alle Praktiken illustrieren. Es kommen direkte Verkaufsaufträge und Unterlassungen der Einlösung vor. Um Einblick in die Vergehen zu verschaffen, ist ein Fall darzustellen.

Am 2. und 15. September 1909 hatte ein Spekulant dem Bucketshop 5 Prämiengeschäfte über insgesamt 300 000 ℳ in Auftrag gegeben. Als Sicherheit nach § 54 BörsGes. nahm der Bucketshop von ihm in Depot: 4500 ℳ Rheinisch-Westfälische Boden-Kredit-Aktien, 3000 ℳ Berliner Hypothekenbank-Aktien, 4000 ℳ Frankfurter Hypotheken-Pfandbriefe.

Am 15. September teilte Merkur dem Pfandgeber mit, daß die Effekten im Gesamtwerte von 11 500 ℳ mit 10030,10 ℳ lombardiert wären, und fuhr in dem Schreiben fort: „Es ist also der gesamte Prämienbetrag einzuzahlen, wenn Sie Ihre lombardierten Effekten nicht verkaufen wollen, andernfalls würde eine Einzahlung von ca. 700 ℳ genügen.“ Darauf schickte der Kunde weitere 3000 ℳ Norddeutsche Lloyd mit dem Bemerken, die deponierten Papiere n i c h t zu verkaufen. Am 18. November 1909 wurden die ersten 5 Prämien mit Gewinn glattgestellt, der Betrag aber am 27. November 1909 in neuen Prämien in Gesamthöhe von 170 000 ℳ festgelegt und durch Prolongationen festgehalten. Am 3. Februar 1910 verlangte der Depotinhaber die 4000 ℳ Frankfurter Hypotheken-Pfandbriefe zurück mit der Begründung, daß die „übrigen 10 500 ℳ hinterlegten Effekten zur Deckung des 9900 ℳ betragenden Debetkontos ausreichten“. Nun begann die Verlegenheit des Bucketshop: Er bedauerte zunächst, dem Verlangen nicht nachkommen zu können, da die Effekten mit nur 70% lombardiert wurden, und stellte das Ersuchen um Verkaufsorder. Der Kunde verweigerte diese, ließ sich aber auf weitere Prolongationen seines Engagements ein und sah sich dadurch am 10. Juli 1910 genötigt, Verkaufsauftrag seines Depots zu geben, wie der Bucketshop zuvor vergeblich gewünscht hatte.

Durch die Untersuchung nach der Verhaftung wurde aber festgestellt, daß die sämtlichen deponierten Wertpapiere am 6. bzw. 9. und 25. September 1909, also unmittelbar nach der Hereinnahme, an eine Berliner Bank ohne Angabe, „daß die Papiere fremde seien“, weiterverpfändet und verkauft wurden.

4. Hinterziehung von Stempelabgaben (Reichsstempelsteuergesetz vom 15. Juli 1909).

Es darf nicht unerwähnt bleiben, daß es auch zum Bucketshop-System gehört, den Staat zu betrügen. Damit sind zuerst die falschen Angaben gemeint, mit denen der Unternehmer vor dem Registerrichter die Angaben über Umfang und Grundlage seiner Firma macht. Zu zweit aber findet der Bucketshop eine Gelegenheit, sich auf Kosten des Staates zu bereichern, und in diesem Falle verfällt er dem Gesetz. Mehreren Bucketshops wurde eine lange Reihe von Stempelsteuerhinterziehungen nachgewiesen. Dem Kunden berechnete sie 0,6 ℳ pro Mille, dagegen wird nichts einzuwenden sein, da es in Berlin bei den Privatbankiers Brauch geworden ist, wegen etwaiger Aufteilung des Auftrags in mehrere Posten den doppelten Stempelbetrag zu vereinnahmen. Aber diese hohe Belastung sollte auch in Marken angelegt werden. Es wurden aber durchweg nur Marken für die Schlußscheine, die den Kunden zugestellt wurden, verwendet, die eigenen bleiben meist unverstempelt oder nur mit einem willkürlichen Teilbetrage. Die Strafkammern verhängten infolgedessen hohe Stempelstrafen.

5. Der Betrug der Bucketshop (§ 263 RStrGB.).

Nach der gründlichen Vorarbeit von Nußbaum in seinem Kommentar zum Börsengesetze und den beiden Artikeln in der „Bank" ist mit dem Urteil des Reichsgerichts vom 28. Februar 1913 eine Basis geschaffen für die banktechnische und juristische Wertung der Bucketshop-Geschäfte.

Jetzt ist das gelegentliche berechtigte In-sich-Geschäft des selbsteintretenden Kommissionärs und des Eigenhändlers von dem Betrug der Bucketshops ausgesondert, der in der systematischen Nichteindeckung bei Abschluß der Prämiengeschäfte im Bewußtsein seiner Mittellosigkeit besteht. Es steht der Leistung des Kunden keine Gegenleistung gegenüber, und kann auch keine gegenübergestellt werden. Wie der ganze Geschäftsbetrieb der Bucketshops ergibt, ist nicht die Absicht vorhanden, die Zahlungen der Kunden zu börsenmäßigen Transaktionen zu gebrauchen. Sie sind vielmehr lediglich dazu bestimmt, das Geldbedürfnis der Inhaber und seiner Angestellten zu befriedigen, woraus dann mit Konsequenz folgt, daß die Kundenwerbung sich der arglistigen Täuschung bedienen muß.

Der Betrug der Bucketshops fällt unter die Strafe des § 263 StrGB., dessen Tatbestandsmerkmale sind: Vorspiegelung falscher Tatsachen; Täuschung über wahre Tatsachen; Irrtumserregung über Ziel und Ausführung des Unternehmens, das dem Zwecke dient, dem Täter einen Vermögensvorteil zu schaffen auf Kosten des Betrogenen, der also eine Vermögensschädigung erleidet. Zur Vorspiegelung, Täuschung und Irrtumserregung geschieht in den Bucketshops folgendes:

a) Sie spiegeln vor, besonders vertrauenswürdige, solvente Bankgeschäfte zu sein. Darauf zielen die arroganten Firmenbezeichnungen, die Briefbogen, die gedruckten Prospekte, die Reisenden, die Filialen.

Diesen falschen Tatsachen gegenüber stehen die wahren, die entstellt oder unterdrückt werden: Nichtzulassung zur Börse oder Nichteindeckung, Mangel an Geldmitteln und Kredit.

b) Die Bucketshops spiegeln die Kommissionäreigenschaft und Ausführung an der Börse vor. Sie verbreiten diese falschen Tatsachen und begründen damit ihre Spesenberechnung. Dann versuchen sie den Glauben an ganz uneigennützige Beratung zu erwecken. Um keinen Zweifel aufkommen zu lassen, erbitten sie telegraphische Orders vor der Börsenzeit. Sie geben vor, nur in der Provision Verdienst zu haben. Sie lassen erwägen, daß sie die Prämien billiger offerieren können als eine Großbank, weil sie bessere Börsenverbindungen haben.

c) Die Bucketshops spiegeln sichere Informationen vor. Die Animierschreiben weisen allemal auf den teuren schwierigen Informationsdienst hin. „Wir zahlen 500 ℳ für jede begründete Auskunft."

d) Sie spiegeln vor, die empfohlenen Börsengeschäfte seien chancenreich, obwohl sie als Gegenspieler die Absicht haben, die Prämien auf Verlust hinauslaufen zu lassen und mit allen Mitteln darauf hinzuwirken.

e) Die Bucketshops spiegeln vor, zu erfüllen und Gewinne auszuzahlen. Sie schicken Schlußscheine, berechnen Börsenspesen und berichten von Gewinnen, die sie nach dem Wohnsitze des Kunden ausgezahlt haben.

Ihr Ziel ist: viele Kunden zu gewinnen, möglichst viele Zahlungen zu empfangen, keine Gewinne auszuzahlen, sondern die Kundschaft auszubeuten. Dieser Zweck wird erreicht. Die Geschädigten schilderten als Zeugen die Art und Weise, wie die Angeklagten sie plagten und in ihr Netz des Kundenfanges lockten durch die Vorspiegelung obiger falscher Tatsachen. Im Irrtum über die Qualität der Firma schlossen die Kunden die Geschäfte ab und zahlten die Prämien. Sie erlitten dadurch einen beträchtlichen Vermögensnachteil, der Bucketshop erwarb einen unrechtmäßigen Vermögensvorteil. Die Kunden mußten die Engagements abandonnieren, weil die Bucketshops durch falsche Kurse mit Prolongationen darauf hinwirkten. In den wenigsten Fällen war es das Sinken der Kurse, das sie nach Eintritt in das Geschäft in Verlust brachte, sondern die unredlichen Manipulationen, deren sich die Bucketshops bedienten.

Seit dem Urteil der Strafkammer gegen Siegmund Friedberg ist eine völlige Wandlung in der Wertung dieser Straffälle eingetreten, die ihren authentischen Ausdruck gefunden hat in der Begründung, die das Reichsgericht seinem Urteil gegen Neckel vom 28. Februar 1913 beigab, und den Urteilssprüchen der Berliner Strafkammern, die Mackensen u. Scholz zu 5 Jahren Gefängnis und 3000 ℳ Geldstrafe, Kwiet und Gans gleichfalls zu mehrjähriger Gefängnisstrafe und Sattler und Genossen in Abstufungen von 5 Jahren bis 6 Wochen Gefängnis verurteilte. Im Falle Sattlers ist es das Verdienst des Staatsanwaltschaftsrats Dr. Schwickerath, in die systematische Raubwirtschaft des Bucketshop hineingeleuchtet zu haben.

Somit darf jetzt gesagt werden: Das Bucketshop-Unwesen ist erkannt und unter die Strafbestimmungen gebracht, die eine wirksame Bekämpfung erhoffen lassen. Es kommen neben § 400 HGB. für die Strafbemessung in Betracht § 263 StGB., § 94 BörsGes. und § 11 des Depotgesetzes.

V. Schutzmaßnahmen gegen die Bucketshops.

Was ist zum Schutze der Bürger gegen das Ausbeutungssystem der Bucketshops getan?

Seit 1891 wurde wegen einer großen Anzahl von Zusammenbrüchen von Bankgeschäften und von Prozessen gegen betrügerische Bankiergeschäfte für eine Börsengesetzgebung Stimmung gemacht und in einem heftigen literarischen Kampfe das Für und Wider erwogen. Daraus entstand das Börsengesetz vom 22. Juni 1896, zu dem wegen vieler Härten, die es als Abwehrmaßregel in sich hat, eine Novelle vom 8. Mai 1908 nötig wurde. Beide Gesetze haben in den Bestimmungen über den Börsenterminhandel den Zweck, das Kleinkapital vor Schädigungen durch Börsenspekulanten zu bewahren (Novelle §§ 50—70) und die Börsenleute in ihren Geschäften einer gewissen Staatsaufsicht (§§ 94 und 95) zu unterwerfen.

Am 5. Juli 1896 wurde das Gesetz betreffend „die Pflichten der Kaufleute bei Aufbewahrung fremder Wertpapiere", das sogenannte Depotgesetz veröffentlicht. Es ging aus demselben Kampfe gegen ungetreue Bankiers hervor und sollte die Wertpapiere der Kunden schützen, daß sie vom Pfandnehmer, dem Bankier, nicht als Grundlage für seinen Geschäftsbetrieb benutzt werden.

Neben diesen Gesetzen und den einschlägigen Bestimmungen des BGB. und HGB. ist Aufklärung und Selbsthilfe geboten. Die Bucketshop-Prozesse werden deutlich genug reden für die interessierten Kreise der Juristen und Bankiers. Aber für das Publikum sind belehrende Artikel in den Provinzzeitungen nötig, denn die Leser dieser Prozesse sind in erster Linie die Kunden und Opfer der Bucketshops. Ohne immer nach Polizei- und Staatshilfe zu rufen, ist und bleibt die Selbsthilfe für jeden denkenden Menschen das sicherste Mittel.

Bei den von verkappten Bucketshops anhängig gemachten oder gegen sie schwebenden Prozessen wäre für Sachverständige eine günstige Gelegenheit, den Geschäftsbetrieb auf Grund der einzufordernden Bücher zu prüfen, selbst dann, wenn der Inhaber nicht Kommissionär, sondern Eigenhändler sein will. Das wäre eine sehr nutzbringende Gewerbeaufsicht, wie sie sich das Bankgewerbe sehr wohl gefallen lassen könnte.

Noch mehr aber ist zu betonen, daß diejenigen, die Rechtsbeistand zu leisten haben, nicht die Hand bieten, wenn offenbar unehrliche Geschäfte beabsichtigt sind!

Das Bank- und Bankiergewerbe hat sich im „Zentralverbande" eine Wacht bestellt, die auf Bucketshops ausschaut und öffentlich Kritik daran übt, öffentlich vor solchen Firmen in der Presse warnt und dazu das Material, das Geschädigte zur Verfügung stellen, verwertet, eventl. zu Ratserteilung wegen Schadenersatz bereit ist, wenn sich das Beweismaterial genügend verdichtet hat, den Staatsanwalt informiert. Die geschickte und energische Tätigkeit dieses Verbandes schützt den Bankierstand vor dem Verdachte, Unlauterkeiten unter seinen Mitgliedern zu dulden. Er wehrt es darum den Schwindlern, den Namen Bankier zu tragen, und tritt für ihre Bestrafung ein. Sie schützt die Groß- und Kleinkapitalisten, die Rat und Dienste der Bankiers in Anspruch nehmen müssen, und sorgt dafür, daß die Vertrauensstellung, die der Stand und die einzelnen Mitglieder innehaben, unverletzt bleibe.

Das Bucketshop-System ist eine Verletzung des geschäftlichen Friedens der Bank- und Börsenwelt, es ist auch eine Störung des ehrlichen Wettbewerbs. Darum haben die Bucketshop-Inhaber und ihre Angestellten kein Recht darauf, von irgend jemand in Schutz genommen zu werden. Sie schädigen durch ihren systematischen Betrug das Ansehen des Bankierstandes, sie schädigen durch ihre unredlichen Geschäfte das Ansehen derer, denen kein anderes Verschulden als Leichtsinn und Unerfahrenheit beizumessen ist. Es ist ganz erklärlich, daß der Bankierstand seine Standesehre nicht herunterziehen lassen will durch Eindringlinge, die keine redlichen Kaufleute sind. Die Basis des Unternehmens eines Bankiers ist außer den hohen materiellen Werten seine persönliche Rechtschaffenheit, wodurch er für die Vertrauensstellung qualifiziert ist, die er der Öffentlichkeit gegenüber einnimmt. Der Bucketshop aber tritt Treu und Glauben mit Füßen: „'s ist ein Schelm, hat im Spiel betrogen!" (Wallenstein I. 11).

Quellen.

1. Strafprozesse gegen Inhaber von Bucketshops.
2. „Plutus" vom 29. März 1913, Bruno Buchwald, „Sattler und Genossen".
3. „Plutus" vom 5. April 1913, Georg Bernhard, „Animierbankiers".
4. Bankarchiv vom 1. April 1913, Reichsgericht, Zivilsenat, Urteilsbegründung gegen Nackel.
5. Bankarchiv vom 15. Mai 1913, Neander Müller, „Zum Thema Bucketshop".
6. Bank, April 1913, Dr. Gysae, Staatsanwaltschaftsrat, „Der Bucketshop".
7. D. Juristen-Ztg. Nr. 8, 1913, Dr. Gysae, Staatsanwaltschaftsrat, „Zum Wesen des Bucketshop".
8 „Plutus" vom 3. Mai 1913, Rechtsanwalt Holz, „Bucketshop-Rummel".
9. „Plutus" vom 1. Februar 1913, Rechtsanwalt Max Alsberg, „Strafbare Verleitung zum Börsenspiel".
10. Max Fürst, Prämien-, Stellage- und Nochgeschäfte, Berlin, Haude u. Spener, 1908.
11. Farmer, Americansms-old and new, London 1889.
12. Bewes, Stock Exchange Law and Practice, London 1910.
13. Rießer, Das Bankdepotgesetz, Berlin, 3. Aufl., 1913.
14. Ruppel, Das Geschäft in Minenwerten an der Londoner Börse, Jena 1909.
15. Warnungen, des „Zentralverbandes des deutschen Bank- und Bankiergewerbes, e. V.".
16. Nußbaum, Unlautere Geschäftsformen im Bankiergewerbe, Berlin 1910.
17. Schütze, Die Strafbarkeit des Bucketshopsystems, Berlin, Heymann, 1911.

FSC
www.fsc.org
MIX
Papier | Fördert
gute Waldnutzung
FSC® C083411

Kolibri 360 GmbH
Ferdinand-Jühlke-Straße 7
99095 Erfurt, Deutschland
produktsicherheit@kolibri360.de